Andrea Ciucci · Paolo Sartor

ZU TISCH BEI ABRAHAM

Andrea Ciucci · Paolo Sartor

Zu Tisch bei Abraham

Kochen mit der Bibel

50 Rezepte aus zwei Jahrtausenden

ST. PAULUS

Andrea Ciucci und Paolo Sartor sind zwei Priester aus der Erzdiözese Mailand, die gern für sich selbst und für Freunde kochen und nicht weniger gern ... essen!

Titel der Originalausgabe:
Andrea Ciucci/Paolo Sartor, A tavola con Abramo. Le ricette della Bibbia

Übertragung ins Deutsche: Margot Röhl (Zutaten und Rezepte) und Stefan Liesenfeld

Fotonachweis

Coverabbildung: Christian Eitschberger
Alessandro Bordin, Maurizio Cupaioli, Marco Riboldi, Magda Verga:
18, 27, 32, 34, 48, 52, 55, 64, 66, 70, 93, 98, 100/101, 108, 110, 115
Agorafobia/Fotolia.com: 17
Alexey Lobur/Fotolia.com: 80
Christian Jung/Fotolia.com: 38
Comugnero Silvana/Fotolia.com: 45, 58, 84, 105, 112
Egidia Degrassi/Fotolia.com: 24, 43
Elena Schweitzer/Shutterstock.com: 72
Gresei/Fotolia.com: 104
Jehangir Hanafi/Fotolia.com: 10, 78
Hikari/Fotolia.com: 116
IMagine/Fotolia.com: 88
Irina Zolina/Fotolia.com: 40
Marzia Giacobbe/Fotolia.com: 42
Paul Cowan/Fotolia.com: 20
Piastoki/Fotolia.com: 67
Skogas/Fotolia.com: 61
Elena Schweitzer/Shutterstock.com: 54
Daniel Loisellel/iStockphoto.com: 29
Klimkov Alexey/Shutterstock.com: 55
Martin Nemec/Shutterstock.com: 13
Patryk Kosmider/Shutterstock.com: 87

Ursel Haaf: 94
Klaus Honermann: 117, 119
Manuela Neukirch: 120
Jan Schäfer: 28

Illustrationen: Michela Ameli - Glifo Design
Gestaltung: Michela Ameli - Glifo Design und Neue-Stadt-Grafik

2014, 1. Auflage

Umschlaggestaltung und Satz: Neue-Stadt-Grafik
Druck: fgb – Freiburger Graphische Betriebe, Freiburg i. Br.

Bestell-Nr.: 980
ISBN 978-3-86392-019-7

www.mvpaulus.de

Zum Geleit

Die Küche der Väter

Die Vorstellung, eine kurze Einführung in ein biblisches Rezeptbuch zu schreiben, hat in mir eine Mischung von Bangen einerseits und Begeisterung andererseits geweckt. Dass sich in der Bibel, dem »Buch der Bücher«, auch Ideen für Kochrezepte finden könnten, mag den einen oder anderen verwundern. Oder auch nicht; zeigt sich doch darin etwas von der guten Schöpfung mit ihren herrlichen Gaben!

Eine gute Köchin, ein guter Koch achten und schätzen die Gaben der Natur und verstehen es, sich ihrer zu bedienen: Mit all ihrem Können und ihrer Intuition bereiten sie daraus ein bekömmliches, schmackhaftes Mahl, das auch ein Ausdruck der Dankbarkeit für die uns täglich gewährte Lebenszeit ist.

Beim Hineinblättern in dieses Buch, das nebenbei allerlei Kenntnisse und Informationen vermittelt, zeigt sich auch, wie die Kochkunst mit der Entwicklung des Menschen einhergeht: Sie ist ein wichtiger Aspekt menschlicher Zivilisation.

Die bewusste Wahl der Zutaten, die liebevolle Zubereitung der Speisen, das Bemühen, sie mit Bedacht herzurichten und zu servieren, dies alles ist ein Zeichen der Verbundenheit, eine geschwisterliche Geste – und somit durchaus auch etwas Religöses!

Enzo Santin
Antica Osteria del Ponte,
Cassinetta di Lugagnano (bei Mailand)

50 Rezepte …

… finden sich in diesem Kochbuch: ein Einblick in die gastronomische Tradition, die in der Bibel ihren Niederschlag gefunden hat. Einige Gerichte sind in den Texten der Heiligen Schrift recht präzise beschrieben, andere werden zumindest erwähnt, wieder andere sind Teil des kulinarischen Erbes des Nahen Ostens. Nicht berücksichtigt wurde die spätere, überaus reiche gastronomische Tradition, die sich in nachbiblischer Zeit in der jüdischen Diaspora ausgebildet hat.

Die hier zusammengestellten Rezepte wollen möglichst authentisch sein, sowohl hinsichtlich der Zutaten wie im Blick auf die Art und Weise der Zubereitung. Aus diesem Grund wird etwa zum Süßen nur Honig verwendet. Und auf den Schnellkochtopf und die Mikrowelle wird ebenso verzichtet wie auf seinerzeit gänzlich unbekannte Zutaten oder damals nicht zur menschlichen Ernährung verwendete Pflanzen (wie zum Beispiel Karotten)! Eine Ausnahme freilich haben wir aus Gründen der Praktikabilität gemacht: die Verwendung von Bierhefe – anstelle der damaligen Methode, einen Sauerteig herzustellen.

Die Mengenangaben in den Rezepten sind wie allgemein üblich *für vier Personen* gedacht.

Natürlich sei es jeder Köchin, jedem Koch unbenommen, hier und da auf modernere Methoden zurückzugreifen oder die Gerichte nach eigenem Gusto zu verändern. Hier freilich wurde versucht, das kulturelle Umfeld und die Atmosphäre jener Zeiten möglichst getreu widerzuspiegeln: ein Umfeld, ein kulturelles Erbe, das auch unsere Geschichte nachhaltig beeinflusst hat.

Guten Appetit!

Inhalt

Zu Tisch bei den Patriarchen

Am Anfang einer großen Geschichte

»Vater der Glaubenden«, »Erster der Patriarchen« oder einfach »Freund Gottes« wird Abraham genannt. Er stammte aus Ur in Chaldäa (im heutigen Irak), doch seine Familie zog dann in die Karawanenstadt Haran. Eines Tages, wohl um das Jahr 1850 v. Chr., traf Abram, wie er ursprünglich hieß, ein Ruf Gottes: »Zieh weg aus deinem Land; ich werde dich zu einem großen Volk machen. Durch dich sollen alle Geschlechter der Erde Segen erlangen« (vgl. Genesis 12,1–3). Abraham folgte diesem Ruf, zog nach Kanaan, ja bis nach Ägypten und dann zurück in Richtung Negev-Wüste.

Die Abrahamsgeschichte ist die Geschichte eines begüterten Viehzüchters, des Hauptes eines großen Clans. Er verstand es, auf Gott zu hören, das Vertraute zu verlassen, sich auf Neues einzulassen und in der neuen Umgebung heimisch zu werden. Er war ein gastfreundlicher Mensch, offen für unerwartete Begegnungen. Zum Beispiel die mit Melchisedek, dem Priesterkönig von Salem, der ihn mit Brot und Wein begrüßte und segnete (vgl. S. 12). Oder mit jenen drei geheimnisvollen Gestalten bei den Eichen von Mamre: Ihnen bot Abraham in seinem Zelt Brot, Butter, Milch und ein eigens zubereitetes Kalb an (vgl. S. 16).

Die Jahre vergingen. Abrahams Nachkommen wurden allmählich sesshaft, züchteten Vieh, gingen auf die Jagd und betrieben Ackerbau. So ist es kein Zufall, dass Abrahams Enkel Jakob, der Stammvater der zwölf Stämme Israels, seinem von der Feldarbeit völlig erschöpften älteren Bruder Esau ein Linsengericht anbot – zu einem hohen Preis: für das Erstgeburtsrecht!

Als Jakob hochbetagt ist, weitet sich der geografische Horizont. Sein Sohn Josef ist nach abenteuerlichen Entwicklungen an den Hof des ägyptischen Pharaos gelangt; im weiteren Verlauf der verwickelten Geschichte kommt es zu einem Austausch der landwirtschaftlichen Erzeugnisse Ägyptens und der typischen Produkte des Landes Kanaan …

Wer die spannende Geschichte der Erz- bzw. Stammväter Israels nachlesen möchte, findet sie im ersten Buch der Bibel, in den Kapiteln 12 bis 50 des Buches Genesis.

Einfache Zeichen

Das Leben der Menschen
kennt grundlegende Gesten und Zeichen
von erstaunlicher Einfachheit.
Ein Stück Brot, miteinander geteilt.
Ein Becher Wein, dem anderen gereicht.
Freundschaftszeichen:
Wir stehen zueinander!

Unser Leben kennt Zeiten,
in denen sich lange Reden erübrigen.
Da sind aufrichtige Menschen gefragt,
die einem wohlgesinnt sind,
die einem Segen wünschen,
die den Segen Gottes herabrufen.

Brot aus der Wüste

Zutaten

- 500 g Weizenmehl
- 200 ml lauwarmes Wasser
- 3 Esslöffel Milch
- 1/2 Teelöffel Salz
- 1/2 Teelöffel gemahlener Kümmel
- 1 Stückchen Butter

Abrahams Begegnung mit Melchisedek

»Als Abram nach dem Sieg über Kedor-Loamoer und die mit ihm verbundenen Könige zurückkam, zog ihm der König von Sodom ins Schawetal entgegen, das jetzt Königstal heißt. Melchisedek, der König von Salem, brachte Brot und Wein heraus. Er war Priester des Höchsten Gottes. Er segnete Abram und sagte: Gesegnet sei Abram vom Höchsten Gott, dem Schöpfer des Himmels und der Erde, und gepriesen sei der Höchste Gott, der deine Feinde an dich ausgeliefert hat.

Darauf gab ihm Abram den Zehnten von allem« (Genesis 14,17–20).

Zubereitung: Mehl, Salz und Kümmel in einer Schüssel vermischen, das Wasser und die Milch langsam hinzugießen und alles zu einem geschmeidigen Teig kneten. Die Schüssel mit einem feuchten Tuch abdecken und an einem warmen Ort etwa 30 Minuten ruhen lassen. Danach die Masse in 8 bis 10 rundliche Stücke teilen, mit Mehl bestäuben, flach drücken und zu dünnen Fladen ausrollen. Eine Pfanne erhitzen und die Fladen darin auf beiden Seiten backen, bis sie braun geworden sind und Blasen werfen.
Will man das »Brot aus der Wüste« nicht ganz so knusprig haben, kann man dem Teig etwas geschmolzene Butter (oder einen Löffel Öl) hinzufügen.

Wertschätzung

Das »Selbstverständliche« wieder schätzen lernen, das ist eine große Herausforderung. Alte Gesten können uns dabei helfen. Unsere Vorfahren zeichneten vor dem Backen oft ein Kreuzzeichen in den Brotlaib ein. Mancherorts gibt es noch heute den Brauch, beim Anschneiden eines Brotes still einen Segenswunsch zu sprechen: »Der Herr segne dieses Brot und alle, die davon essen.« Aus solchen Segensgesten sprechen Dankbarkeit und Wertschätzung, Achtsamkeit und Wohlwollen.

Die Stadt Melchisedeks

Die Bibel scheint nahezulegen, dass Salem, die Stadt des Melchisedek, mit Jerusalem gleichzusetzen ist. Christen denken in diesem Zusammenhang an ein ganz besonderes Mahl, das fast zwei Jahrtausende später stattfand: an Jesu letztes Abendmahl mit den Seinen.

Die Butter der Bibel

Es mag überraschen, dass schon die biblische Küche Butter kennt. Im Buch der Sprichwörter heißt es: »Stößt man Milch, so gibt es Butter« (Sprichwörter 30,33). Anstelle eines Butterfasses, wie wir es kennen, füllte man die Milch in Behältnisse aus Ziegenhäuten oder in ausgehöhlte Kürbisse. Im Nahen Osten wie in Nordafrika kennt man noch heute *Smen* (oder *Semneh*), eine gesalzene, fermentierte Butter, die bei richtiger Aufbewahrung auch ein ganzes Jahr haltbar ist.

Zutaten

- 4 Gläser trockener Rotwein
- 1 Teelöffel getrocknete Lavendelblüten
- 2 Teelöffel Honig
- 1 kleines Stück Zimtstange
- 1 Esslöffel getrocknete Zitronenmelisse
- 1 Teelöffel abgeriebene Schale einer unbehandelten Zitrone
- 4 Scheiben geröstetes Brot

Gewürzwein mit Brot

Zubereitung: Den Wein und die übrigen Zutaten – außer den Brotscheiben – erhitzen, aber nicht kochen. Die Flüssigkeit dann durch ein feines Sieb oder ein dünnes Tuch filtern.

Die gerösteten Brotscheiben jeweils in eine kleine Schale legen und mit dem noch warmen Wein übergießen. Einen Augenblick warten, bis das Brot gut durchtränkt ist; dann servieren.

Brot gehört zum Leben

In vielen Kulturen ist Brot *das* Grundnahrungsmittel: Brot gehört zum Leben. »Brot«, das ist Sinnbild für die Nahrung, ja für alles Materielle, das wir zum Leben brauchen. So ist es kein Zufall, dass in der Erzählung von Jesu 40-tägigem Aufenthalt in der Wüste der Versucher ihm vorschlägt, die Steine in Brot zu verwandeln – worauf Jesus erwidert, dass der Mensch *nicht nur* von Brot lebt (vgl. Matthäus 4,1–11; Lukas 4,1–13).

Gemeinsam Brot backen ... kann viel Freude machen – sei es in der Familie, mit Freunden, mit einer Gruppe von Kindern oder Jugendlichen! Mit den eigenen Händen Mehl und Wasser zu einem Teig kneten, überlegen, wie man das Brot formen will, warten, bis der Teig aufgeht, so viel backen, dass man anderen etwas davon mitbringen kann: das alles sind elementare Erfahrungen. Ausprobieren lohnt sich!

Geheimnisvolle Gäste

»Der Herr erschien Abraham bei den Eichen von Mamre. Abraham saß zur Zeit der Mittagshitze am Zelteingang. Er blickte auf und sah vor sich drei Männer stehen. Als er sie sah, lief er ihnen vom Zelteingang aus entgegen, warf sich zur Erde nieder und sagte: Mein Herr, wenn ich dein Wohlwollen gefunden habe, geh doch an deinem Knecht nicht vorbei! Man wird etwas Wasser holen; dann könnt ihr euch die Füße waschen und euch unter dem Baum ausruhen. Ich will einen Bissen Brot holen und ihr könnt dann nach einer kleinen Stärkung weitergehen; denn deshalb seid ihr doch bei eurem Knecht vorbeigekommen. Sie erwiderten: Tu, wie du gesagt hast.

Da lief Abraham eiligst ins Zelt zu Sara und rief: Schnell drei Sea feines Mehl! Rühr es an und backe Brotfladen!

Er lief weiter zum Vieh, nahm ein zartes, prächtiges Kalb und übergab es dem Jungknecht, der es schnell zubereitete. Dann nahm Abraham Butter, Milch und das Kalb, das er hatte zubereiten lassen, und setzte es ihnen vor. Er wartete ihnen unter dem Baum auf, während sie aßen« (Genesis 18,1–8).

Zeichen der Gastfreundschaft

Was wir nicht kennen, macht uns oft Angst.
Auf Misstrauen stößt häufig der Fremde, der bei uns anklopft.
Nur Menschen mit offenem Herzen,
Menschen, die gelernt haben zu hören
und Vorurteile zu überwinden,
sind imstande, im fremden Antlitz das Gute zu erkennen,
wahrzunehmen, wie viel die anderen zu geben haben,
und vor allen Unterschieden das Verbindende wertzuschätzen.
Solche Offenheit überzeugt, wird zu einem Lebensstil.
Wo Menschen das Gute und Kostbare miteinander teilen,
da ereignet sich Neues, da offenbart sich Gott,
da fangen wir an, uns zu wundern und zu staunen ....

Drei Gestalten, ein einziger Herr

Es sind geheimnisvolle Gäste, die Abraham am Zelteingang bei den Eichen von Mamre empfängt (s. S. 14). Nach dem Mahl entwickelt sich ein Gespräch, in dessen Verlauf einer (»der Herr«) immer deutlicher die Züge Gottes annimmt: Abraham spricht mit seinem Gott.

Ein Bezug zum *dreifaltigen* Gott, wie er sehr viel später von manchen christlichen Interpreten gesehen wurde, lag den Verfassern der Erzählung fern. Und schon gar nicht sind es drei Götter: Einer ist Gott!

Der Glaube der Juden an den einen Gott

Der jüdische Monotheismus (der Glaube an einen einzigen Gott) steht am Ende eines Entwicklungsprozesses. Lange Zeit hat sich Israel nicht theoretisch mit Fragen beschäftigt wie der, ob es die »Götter« der anderen Völker wohl gibt oder nicht oder ob auch diese Völker das ewige Heil erlangen können. Immer wieder aber hat Israel über seine Erfahrungen nachgedacht; es hat erlebt, dass sein Gott ein mächtiger Gott ist, der seinem Volk treu ist. Und so ist es im Glauben gewachsen. Auch wenn es zunächst nicht realisiert, dass sein Gott der Einzige ist – für Israel gibt es nur ihn!

In der Exilszeit, im unmittelbaren Kontakt mit Menschen, die viele Götter verehren, wird Israel dann immer mehr in der Überzeugung bestärkt: »Unser Gott« ist der einzige Herr der Geschichte und der Schöpfer der Welt.

Ein Kalb fürs Festmahl

Ein Kalb ließ Abraham für seine Gäste zubereiten. Auch in einem der berühmtesten Gleichnisse Jesu kommt ein Kalb vor: im Gleichnis vom barmherzigen Vater und seinen beiden Söhnen (Lukas 15,11–32): Als der jüngere (der sogenannte »verlorene Sohn«) sein Erbe verschleudert hat und in erbärmlichstem Zustand nach Hause zurückkehrt, wird er von seinem Vater voller Freude aufgenommen; der Vater tadelt ihn nicht, sondern lässt ein Mastkalb schlachten und ein Fest feiern – was der ältere Sohn überhaupt nicht versteht: Er empfindet das Verhalten des Vaters als ungerecht und kann seine bedingungslose Güte nicht begreifen.

Kalbsragout mit Majoran und Kürbis

Zutaten

- 800 g Kalbfleisch (für Ragout)
- 500 g Kürbisfleisch
- 2 Zwiebeln
- 1 Stange Porree
- 2 Knoblauchzehen
- 1 l Fleischbrühe
- 1/2 l Rotwein
- 100 ml Olivenöl
- 1 Teelöffel Majoran
- Salz

Zubereitung: In einem großen Bratentopf die klein geschnittenen Zwiebeln, den Knoblauch und den Porree in Öl glasig dünsten. Das Fleisch darin anbraten, salzen und mit Majoran abschmecken. Die Fleischbrühe und den Wein hinzugeben und kurz aufkochen. Danach bei geringer Hitze etwa eine Stunde schmoren. Ist die Soße dabei zu stark eingekocht, etwas Wasser hinzufügen. Jetzt das klein geschnittene Kürbisfleisch in das Ragout geben und noch einmal eine halbe Stunde köcheln.

Rinder-schmorbraten mit Oliven

Zutaten

- 1 kg Rindfleisch ohne Knochen
- Salz
- 3 Esslöffel Olivenöl
- 1 Sellerieherz (Bleichsellerie)
- 200 g grüne Oliven ohne Kern
- 1 Esslöffel Oregano
- 1 l Wasser
- 200 ml trockener Rotwein
- 1 Esslöffel gehackte Petersilie

Zubereitung: Das Öl in einem Bratentopf erhitzen und darin das in dicke Stücke geschnittene und gesalzene Fleisch kräftig anbraten. Die Oliven dazugeben, ebenso den grob geschnittenen Sellerie sowie den Oregano. Zusammen 5 Minuten kochen lassen. Das Wasser und den Wein zugießen und alles noch einmal kurz aufkochen. Dann bei geringer Hitze eine Stunde schmoren.
Vor dem Servieren mit gehackter Petersilie bestreuen.

»Koscher«

… bedeutet eigentlich nicht »rein«, wie man oft meint, sondern eher unbedenklich oder zum Verzehr geeignet. Die jüdischen Speisegesetze (»Kaschrut«) kennen erlaubte und nicht erlaubte Speisen und Getränke; der Umgang mit den Vorschriften ist freilich sehr unterschiedlich. Etliche Normen betreffen das Schlachten von Tieren. In Genesis 9,4 heißt es, »Fleisch, in dem noch Blut ist, dürft ihr nicht essen«; denn Blut galt als Sitz des Lebens. Als »koschere« Tiere gelten solche mit zweigespaltenen Hufen und Wiederkäuer (wie Rinder, Schafe und Ziegen), ferner Fische mit Flossen und Schuppen. Als »nicht koscher« gelten insbesondere Schweine, aber z. B. auch Kaninchen, Pferde und Krustentiere. Fleisch und Milch dürfen nicht zusammenkommen (vgl. z. B. Exodus 23,19; 34,26; Deuteronomium 14,21). Auch auf den Verzehr von Käse am Ende eines Mahls verzichten strenggläubige jüdische Familien in der Regel.

Eine vegetarische Ernährung

… sieht die Bibel übrigens nicht vor. So heißt es im Buch Genesis: »Alles Lebendige, das sich regt, soll euch zur Nahrung dienen. Alles übergebe ich euch wie die grünen Pflanzen" (9,3). Auch das Christentum kennt traditionell kein Gebot, sich des Verzehrs von Fleisch zu enthalten. Und Fastengebote bzw. -empfehlungen gibt es lediglich für besondere Zeiten wie für die Fastenzeit oder für den Freitag als Tag des Kreuzestodes Jesu.

Linsensuppe

Abrahams erstgeborener Sohn, Isaak, heiratete Rebekka, die ihm Zwillinge gebar: Esau und Jakob. Über sie weiß die Bibel allerhand zu erzählen …

»Einst hatte Jakob ein Gericht zubereitet, als Esau erschöpft vom Feld kam. Da sagte Esau zu Jakob: Gib mir doch etwas zu essen von dem Roten, von dem Roten da, ich bin ganz erschöpft. Deshalb heißt er Edom (Roter).

Jakob gab zur Antwort: Dann verkauf mir jetzt sofort dein Erstgeburtsrecht! Schau, ich sterbe vor Hunger, sagte Esau, was soll mir da das Erstgeburtsrecht?

Jakob erwiderte: Schwör mir jetzt sofort! Da schwor er ihm und verkaufte sein Erstgeburtsrecht an Jakob.

Darauf gab Jakob dem Esau Brot und Linsengemüse; er aß und trank, stand auf und ging seines Weges. Vom Erstgeburtsrecht aber hielt Esau nichts« (Genesis 25,29–34).

Zubereitung: Die Linsen mit dem Wasser aufsetzen und kochen. Den dabei entstehenden Schaum abschöpfen. Dann die klein geschnittene Zwiebel, den Knoblauch und die Kürbisstücke mit dem Kümmel und etwas Salz zu den Linsen geben. Unter gelegentlichem Rühren 30 Minuten köcheln lassen. Vor dem Servieren das frische Öl hinzufügen.
Wer die Suppe etwas sämiger haben möchte, sollte die Kürbisstücke mit der Gabel zerdrücken oder pürieren.

Zutaten

- 250 g getrocknete rote oder braune Linsen
- 2 l Wasser
- 1 Zwiebel
- 1 Knoblauchzehe
- 125 g Kürbisfleisch
- 1/2 Teelöffel Kümmel oder ein Zweig Rosmarin
- 4 Esslöffel Olivenöl
- Salz

Jakob

Nur ein »Schlawiner« wie Jakob (wenn man das so salopp sagen darf) konnte auf den Gedanken kommen, dem erschöpften Zwillingsbruder eine einfache Linsensuppe anzubieten – und sich dafür im Gegenzug das Erstgeburtsrecht geben zu lassen! Jakob hat sich freilich nicht nur durch seine Schläue hervorgetan, sondern auch durch seine Verbundenheit mit dem Gott der Verheißung. Von seinen beiden Frauen, Rahel und Lea, hatte er zwölf männliche Nachkommen, die als Stammväter der zwölf Stämme Israels gelten.

Berühmt ist die alte Erzählung von »Jakobs Kampf mit Gott« am Fluss Jabbok (vgl. Genesis 32,23–33): Jakob bittet nach langem Ringen den Unbekannten um den Segen, und dieser sagt ihm: »Nicht mehr Jakob wird man dich nennen, sondern Israel (Gottesstreiter); denn mit Gott und Menschen hast du gestritten und hast gewonnen.« In diesem Jakob erkennt das Volk Israel seine Wurzel.

Günstig ... und teuer bezahlt!

In manchen Gegenden gibt es das geflügelte Wort: »Etwas für eine Linsensuppe hergeben« – eine Anspielung auf Esau, der für dieses Gericht sein Erstgeburtsrecht und damit seine besonderen Erbansprüche hergab!

Linseneintopf mit Graupen

Zutaten

- 200 g Linsen
- 100 g Graupen
- 1 Zwiebel
- 1 Spalte Sellerie
- 750 ml Hühnerbrühe
- 8 Esslöffel Olivenöl
- 1/2 Teelöffel Kümmel
- 1 Zweig Salbei
- 1 Zweig Thymian
- Salz

Zubereitung: Linsen und Graupen (eventuell getrennt bei unterschiedlichen Garzeiten) in leicht gesalzenem Wasser etwa 20 Minuten »al dente« kochen. Das Wasser abgießen. Zwiebel und Sellerie klein schneiden und in Öl andünsten. Linsen und Graupen dazugeben, ebenso die Gewürze, und mit der Hühnerbrühe auffüllen. Wenn nötig, leicht salzen. Den Eintopf dann, zugedeckt, 10 Minuten kochen.

Der Erstgeborene als bevorzugter Erbe

Heute haben die Kinder gewöhnlich gleiche Rechte; doch bis vor wenigen Jahrzehnten war es vielerorts gang und gäbe, dass der älteste Sohn gegenüber seinen Geschwistern bevorzugt wurde. Zur Zeit der Patriarchen stand ihm vom Erbe doppelt so viel zu wie seinen Brüdern, zudem übernahm er beim Tod des Vaters automatisch die Rolle des Familienoberhauptes.

Die Farbe ROT ...

»Von dem Roten (hebr. edom)« gab Jakob seinem Bruder Esau zu essen (Genesis 25,30). Es ist die Farbe des Blutes, der Lippen und des Sonnenuntergangs. Während von Jakob die Stämme Israels abstammen, gehen auf Esau die Stämme südlich des Toten Meeres und in einem Teil des heutigen Jordanien zurück. Es war das Gebiet der Herrscher von Edom (oder Idumäa), aus dem auch Herodes der Große stammte, in dessen Herrschaft die frühe Kindheit Jesu fiel.

Dicke-Bohnen-Suppe mit Hirse

Zutaten

- 600 g frische dicke Bohnen (oder 300 g getrocknete)
- 100 g Hirse
- 25 g Gerstenmehl
- 1 Zwiebel
- 1 Knoblauchzehe
- 1/2 Tasse Milch
- 100 ml Olivenöl
- 1 1/2 l Wasser
- Salz

Zubereitung: Die Bohnen aus den Hülsen pellen. Den Knoblauch und die Zwiebel fein hacken und in Öl dünsten. Die Bohnen dazugeben und mit dem Wasser aufgießen. Etwa 20 Minuten garen.
Das Mehl in der Milch auflösen, zu einem dünnen Teig verrühren und diese nach und nach unter die Bohnen geben.
Die Suppe salzen, dann die Hirse einfüllen. Die Suppe noch etwa 20 Minuten kochen lassen.

Schweinefleisch – ein absolutes Tabu?

Im Judentum ist der Verzehr des Fleischs vieler Tiere erlaubt (s. S. 23), doch vor allem Schweinefleisch ist tabu. Ähnlich ist es im Islam. Wie bei vielen Tabus ist es nicht leicht, die zugrundeliegenden Motive herauszufinden. Man vermutet Motive hygienischer Natur (ein Tier, das Exkremente frisst, kam als möglicher Krankheitsüberträger infrage); klimatische Motive (in heißen Ländern ist gerade die Aufbewahrung von Schweinefleisch schwierig); der Wunsch, sich abzugrenzen (das Verbot als Unterscheidungsmerkmal von anderen Religionen); eine symbolische Motivation (das Schwein als Symbol niedrigster menschlicher Instinkte), kulturelle Gründe (ein Tier, das unbesehen alles frisst, kann doch nicht rein sein!) und später vielleicht auch ökonomische (die früher günstige Schweinezucht wurde später kostenintensiver).

Bei diesen Spekulationen spielen eigentlich religiöse Gründe offenbar keine Rolle.

Weißbrot

Im Altertum kannte man die heute gebräuchliche und auch in nebenstehendem Rezept verwendete Hefe noch nicht: Für die Fermentierung nahm man Sauerteig, der unter den Teig gemischt wurde. Experten nehmen an, dass diese Methode in Ägypten erfunden wurde; man nutzte die Beobachtung, dass Teig in der Wärme zu gären beginnt. So war das Brot am Tisch des Pharaos wohl gesäuertes Brot. Man kann Sauerteig auch selbst herstellen (s. S. 110), doch hier sei die praktischere und »sichere« Hefe gestattet ...

Zutaten

- 500 g Weizenmehl
- 250 ml lauwarmes Wasser
- 30 g frische Hefe
- 1 Esslöffel Olivenöl
- 1 Teelöffel Salz
- 1 Teelöffel Honig (für eine süße Variante des Brotes)

Zubereitung: Die Hefe in 100 ml lauwarmem Wasser auflösen (wer ein süßes Weißbrot möchte, sollte jetzt den Honig zugeben und – später – etwas weniger Salz). 10 Minuten warten, bis die Hefe aufgegangen ist.
Unterdessen Mehl und Salz in eine Schüssel geben, die Hefe und das Öl hinzufügen sowie nach und nach den Rest des lauwarmen Wassers. Den Teig so lange kneten, bis eine gleichmäßig lockere Masse entstanden ist.
Den Teig dünn mit Öl einpinseln, mit einem Tuch abdecken und an einem warmen Ort so lange ruhen lassen, bis die Masse aufgegangen ist und sich ungefähr verdoppelt hat – das kann gut eine Stunde dauern.
Jetzt den Teig in 8 bis 10 Stücke teilen, jedes dünn ausrollen und vorsichtig auf ein gefettetes Backblech legen. Nochmals etwa eine halbe Stunde ruhen lassen. Dann in den Backofen schieben und bei 220° etwa 8 bis 10 Minuten backen. Noch warm schmeckt das Brot besonders gut, aber auch mit verschiedenen Aufstrichen und Füllungen.

Josef, ein ganz besonderer Mensch

Von »diesem Mann« spricht Jakob, der Sohn Isaaks, als er seine Söhne wieder nach Ägypten zurückschickt, um von diesem mächtigen Menschen, der die rechte Hand des Pharaos ist, in der Hungersnot Getreide zu erbitten. Noch ahnt Jakob nicht, dass es kein anderer als sein geliebter, von den eigenen Brüdern aus Neid verkaufter Sohn Josef ist!

In Ägypten war Josef aufgrund einer falschen Anklage ins Gefängnis geworfen worden, doch sein Talent, Träume zu deuten, kam ihm schließlich zugute … (Träume spielen bekanntlich in der Bibel eine wichtige Rolle: Oft lässt Gott einen Menschen im Traum seinen Willen verstehen.) Josef deutete dem Obermundschenk und dem Oberbäcker am Hof des Pharaos ihre Träume (Letzterem sagte er sein böses Schicksal vorher) – und dann auch dem Pharao selbst. Dieser schenkte Josef Glauben, ließ für die vorhergesagte Hungerszeit Brotgetreidespeicher anlegen und machte Josef zu seinem mächtigen Vertrauten. Immer wieder ist von Brot die Rede in der großartig erzählten Josefsgeschichte (Genesis 37–50), die zu den bekanntesten der Bibel gehört.

Christen erinnert die Gestalt des Josef in manchem an Jesus: Von den Seinen verraten und verkauft, hat Josef seinen Brüdern verziehen und sie aus ihrer Not errettet.

Der Erde Bestes

Im Leben eines Menschen, einer Familie, eines Volkes
gibt es Momente, in denen wir Worte brauchen, die tragen,
und Gesten, die von Herzen kommen,
Momente, in denen wir nicht davonlaufen dürfen,
die unseren furchtlosen Einsatz erfordern.
Manchmal müssen wir alles geben,
das Beste, das uns geschenkt wurde.
So wie damals, als Jakob sich mutig durchrang,
seine Söhne mit den besten Gaben zurückzuschicken
nach Ägypten ...

Der Mandelkrokant des Juda

»Juda schlug seinem Vater Israel [=Jakob] vor: Lass den Knaben [Benjamin, den Jüngsten der Brüder] mit mir ziehen! Dann können wir aufbrechen und uns auf die Reise machen. So werden wir am Leben bleiben und nicht sterben, wir und du und unsere Kinder. Ich verbürge mich für ihn; aus meiner Hand magst du ihn zurückfordern. Wenn ich ihn dir nicht zurückbringe und vor dich hinstelle, will ich alle Tage bei dir in Schuld stehen. Hätten wir nicht so lange gezögert, könnten wir schon zum zweiten Mal zurück sein.

Da sagte ihr Vater Israel zu ihnen: Wenn es schon sein muss, dann macht es so: Nehmt von den besten Erzeugnissen des Landes in eurem Gepäck mit und überbringt es dem Mann als Geschenk: etwas Mastix, etwas Honig, Tragakant und Ladanum, Pistazien und Mandeln. Nehmt den doppelten Geldbetrag mit! Das Geld, das sich wieder oben in euren Getreidesäcken fand, gebt mit eigenen Händen zurück! Vielleicht war es ein Versehen. So nehmt denn euren Bruder mit, brecht auf und geht wieder zu dem Mann zurück! Gott, der Allmächtige, lasse euch Erbarmen bei dem Mann finden, sodass er euch den anderen Bruder und Benjamin freigibt. Ich aber, ich verliere noch alle Kinder« (Genesis 43,8–14).

Zubereitung: Die Sesamkörner, die Mandeln und die abgeriebene Zitronenschale mit einer Prise Salz vermischen. Den Honig in einem Topf aufkochen. Eine möglichst rechteckige Form einfetten. Die Sesam-Mandel-Mischung in den flüssig gewordenen heißen Honig rühren. Die Masse rasch streifenweise dünn in die Form streichen. Kalt werden lassen und dann in kleine Vierecke schneiden.

Zutaten

- 200 g Sesam
- 120 g Mandeln
- 100 g Honig
- 1 Teelöffel abgeriebene Schale einer Zitrone
- 1 Esslöffel Öl
- 1 Prise Salz

Geben und Empfangen

Auf Judas Vorschlag hat Jakob seine Söhne mit reichen Gaben ziehen lassen. Als ihr Bruder Josef sie sieht, bricht er in Tränen aus und gibt sich ihnen zu erkennen. Und der Pharao lässt ihnen durch Josef ausrichten: »Holt euren Vater und eure Familien und kommt zu mir! Ich will euch das Beste geben, was Ägypten bietet; von den besten Erzeugnissen des Landes dürft ihr essen … Das Beste, was ganz Ägypten bietet, soll euch gehören« (Genesis 45,18–20).

Jakob hatte sein Bestes gegeben, nun stellen der Pharao und Josef ihrerseits das Beste zur Verfügung: Der Austausch der Gaben wird gegenseitig! Ein Familienclan und ein großes, reiches Land, sie haben einander etwas zu geben … So ist es immer: Es gibt kein Land und keine Kultur, die anderen nicht etwas geben könnten; und es gibt kein Land und keine Kulter, die nicht von den anderen etwas empfangen könnten.

Kompott aus getrockneten Weintrauben und Pistazien

Zutaten

- 250 g getrocknete Weintrauben (Rosinen oder Sultaninen)
- 250 g Pistazien
- 50 g Honig
- die abgeriebene Schale einer ganzen Zitrone
- Jasminblütenessenz
- Wasser

Zubereitung: Die getrockneten Weintrauben in einen Topf geben und mit Wasser bedecken.
Honig und Zitronenschale hinzufügen und alles etwa 1 1/2 Stunden köcheln lassen.
Dann die Pistazien einrühren und die Masse kalt werden lassen.
Mit dem Jasminblütenwasser aromatisieren, in kleine Schalen füllen und servieren.

Ein neues Gespür ... Seit einiger Zeit erleben die typischen Produkte einer bestimmten Gegend, teilweise auch traditionelle Anbau- und Produktionsmethoden eine Art Renaissance. Zudem achten viele Menschen stärker auf einen respektvollen Umgang mit der Schöpfung – ein wichtiges Kriterium auch für das Einkaufs- und Konsumverhalten. Jedenfalls ist es mehr als eine Masche: Dahinter steht der Wunsch nach Echtem, nach einem einfacheren, bewussteren Lebensstil, in dem auch die Beziehungen wieder eine größere Rolle spielen, das Verlangen, wieder Zeit zu haben für das wirklich Wichtige.

Eine hohe Kunst ... Das Geheimnis der guten Küche liegt in der hohen Kunst, die richtigen Zutaten in der richtigen Weise zu verarbeiten. Auf deren Qualität kommt es ebenso an wie auf die Dosierung, auf die Art der Zubereitung und auf das Gespür für den richtigen Zeitpunkt. Jedes Gericht ist weit mehr als die Summe der Zutaten: Es ist etwas ganz Neues! Es ist wie im menschlichen Zusammenleben, gerade in unserer pluralistischen Gesellschaft: Aus vielen unterschiedlichen Elementen kann immer wieder etwas Schönes, etwas Neues entstehen!

Zu Tisch bei Mose

Exodus

Eines der einschneidendsten Ereignisse, ja *die* Urerfahrung des Volkes Israel ist der Auszug aus Ägypten im 13. Jh. v. Chr. unter der Führung des Mose. In Ägypten waren die Israeliten zu einem großen Volk geworden, lebten aber lange Zeit in der Knechtschaft. Mose ergriff die Initiative und wandte sich an den Pharao; doch dessen Herz verhärtete sich. Da kam eine Reihe schrecklicher Plagen über die Ägypter, sodass der Pharao schließlich Mose und seinen Bruder Aaron zu sich rief und die Israeliten ziehen ließ. So ist der Name des Mose auf immer mit dem »Exodus« verbunden, der Befreiung aus der Knechtschaft. Und nicht zuletzt ist Mose derjenige, dem sich der Herr offenbart hat; der im Vorübergehen einen Blick auf Gott erhaschen konnte, sodass sein Gesicht leuchtete; dem Gott die Gesetzestafeln mit den »Zehn Geboten« übergab: Wenn das Volk sich daran halten würde, dann würde es ihm gut ergehen!

In den vierzig Jahren des Exodus wird Israel gewissermaßen zum »Volk«; in der Unsicherheit, im immer neuen Aufbruch, im Hören auf Mose, der mit Gott im Gespräch ist, im Wechselspiel von Ungehorsam und göttlicher Vergebung finden die Israeliten allmählich ihre Identität. Sie merken, wie sehr sie auf den Herrn angewiesen sind: Sie sollen nicht »den Zwiebeln Ägyptens« und den anderen ägyptischen Speisen nachtrauern; denn Gott nimmt sich ihrer an. Er gibt ihnen Brot und das »Manna«, das geheimnisvolle Himmelsbrot, er schenkt ihnen Wachteln in Fülle, damit sie sich stärken können auf ihrem anstrengenden Weg in die Freiheit.

Vier biblische Bücher sind dieser entscheidenden Zeit gewidmet: Exodus, Levitikus, Numeri und Deuteronomium. Die Generation, die aus Ägypten geflohen war, kam nur bis an die Schwelle des »Gelobten Landes«. Die Landnahme, die Entstehung und Festigung eines Reiches blieb den nachfolgenden Generationen vorbehalten. Nicht einmal Mose konnte in das Land hinter dem Jordan einziehen. Auf dem Berg Nebo ließ Gott den Mose das »Gelobte Land« schauen, dann starb der erste und größte der Propheten Israels, und die Israeliten weinten dreißig Tage um ihn.

Mut zur Freiheit

Freiheit, wirkliche Freiheit, gibt es nicht umsonst.
Nicht ohne Entscheidungen.
Nicht ohne die Bereitschaft, Verantwortung zu übernehmen.
Nicht ohne Mut.
Auch nicht ohne Fehler.
Von wie vielen Seiten wird dem Menschen
die Freiheit abspenstig gemacht.
Das Sklavendasein könnte bequemer erscheinen:
Andere entscheiden.
Andere sind verantwortlich.
Andere machen die Fehler.
Wer kennt nicht die Mühe der Freiheit?
Kaum zu ertragen ist sie manchmal,
wir stimmen ein Klagelied an,
und das müde Herz trauert den alten Zeiten nach:
den Speisen und der Sicherheit des Sklavenhauses.
Eine ernste Versuchung.
Sie duldet keine Zögerlichkeit.
Nein, zu kostbar ist die Freiheit,
so mühsam sie auch sein mag.
Unvergleichlich wertvoller als alles,
was die Sklaverei zu bieten hat!
Wir sind dafür gemacht, frei zu sein!

Eintopf mit Hühnchen und Gemüse

Zutaten

- 1 mittelgroßes Brathuhn
- 2 große Zwiebeln
- 3 Knoblauchzehen
- 200 g Graupen
- 200 g dicke Bohnen
- 100 g Linsen
- 3 Lorbeerblätter
- 1 Esslöffel gemahlener Kümmel
- 200 ml Rotwein
- 100 ml Olivenöl
- Wasser
- Salz

»Die ganze Gemeinde der Israeliten murrte in der Wüste gegen Mose und Aaron. Die Israeliten sagten zu ihnen: Wären wir doch in Ägypten durch die Hand des Herrn gestorben, als wir an den Fleischtöpfen saßen und Brot genug zu essen hatten. Ihr habt uns nur deshalb in diese Wüste geführt, um alle, die hier versammelt sind, an Hunger sterben zu lassen« (Exodus 16,2f).

Bei diesem Gericht werden typische Zutaten und Zubereitungsmethoden der alten ägyptischen Küche verwendet. Auch Geflügel stand auf dem Speiseplan, wie schon alte Darstellungen aus dem Grab des Tutanchamun zeigen. Im Judentum ist das hier genannte Gericht ein typischer Sabbat-Eintopf (»Cholent«): Man kann es am Vortag kochen und dann am arbeitsfreien Sabbat verzehren.

Zubereitung: Graupen, dicke Bohnen und Linsen getrennt einweichen. Das Hühnchen mit der Geflügelschere zerteilen, die Haut entfernen und das Fleisch anbraten. Zwiebeln und Knoblauch grob hacken, beifügen und goldbraun rösten. Bohnen, Linsen und Graupen dazugeben. Würzen und mit dem Wein ablöschen. Jetzt mit Wasser auffüllen und bei mäßiger Hitze 2 Stunden köcheln lassen. Öfter umrühren, damit der Eintopf nicht anbrennt. Wenn nötig, Wasser nachfüllen und vielleicht noch etwas salzen. Vor dem Servieren die losen Hühnerknochen entfernen.

Mose

Um die Gestalt des Mose, der die Israeliten beim Auszug aus Ägypten anführte, ranken sich mancherlei zum Teil wohl auch legendenhafte Geschichten. Er trägt die Züge eines Helden und Heilers, eines Heiligen und eines großen Propheten. 120 Jahre, so heißt es, sei er alt geworden: eine symbolträchtige Zahl, drei mal vierzig Jahre, gleichsam drei »Leben« in einem: das Leben am ägyptischen Hof; sodann die Zeit in der Wüste Midian, wo er Zippora, die Tochter des Priesters Jitro, heiratet und Gott (der Gott Abrahams, Isaaks und Jakobs) sich ihm im brennenden Dornbusch offenbart als Jahwe, als der »Ich-bin-da«; schließlich der Exodus: der Auszug aus Ägypten mit der Wüstenwanderung in Richtung gelobtes Land.

Essen am Sabbat

Der siebte Tag der Woche, der »Sabbat« (oder »Schabbat«), ist der jüdische Ruhetag. In der Zeit des babylonischen Exils (6. Jh. v. Chr.) wurde er zu einem wichtigen identitätsstiftenden Merkmal. Zu den am Sabbat verbotenen Tätigkeiten gehört auch das Feuermachen (vgl. Exodus 35,3), sodass das Kochen am Sabbat (d. h. vom Freitagabend bis Samstagabend) schwierig war, zumal auch die Vorbereitung der Speisen verboten war. So sind eine Reihe typischer Sabbat-Gerichte entstanden, die im Voraus gekocht werden.

Die Brüder Mose und Aaron. In den biblischen Schilderungen des Exodus wendet sich Gott oft gleichzeitig an Mose und seinen älteren Bruder Aaron. Mose war offenbar kein guter Redner: »Mein Mund und meine Zunge sind schwerfällig«, bekennt er. In der Ausübung seiner Führungsaufgabe kommt ihm sein Bruder Aaron zu Hilfe. Gott sagt zu Mose: »Ich werde euch anweisen, was ihr tun sollt, und er wird für dich zum Volk reden. Er wird für dich der Mund sein, und du wirst für ihn die Stelle Gottes einnehmen« (vgl. Exodus 4,10–16). Plastischer lässt sich eine Zusammenarbeit, in der man einander ergänzt, kaum darstellen!

Geschmack an der Unterdrückung? Das Murren des Volkes in der Wüste, die wehmütige Erinnerung an die Fleischtöpfe in Ägypten, wo die Israeliten in Wahrheit unterdrückt waren und gelitten hatten, mag schwer verständlich scheinen. Doch wie oft verklären wir in schweren Zeiten die Vergangenheit …

Die »Zwiebeln Ägyptens«

Zutaten

- 4 große weiße Gemüsezwiebeln
- 100 g Walnusskerne
- 2 Teelöffel Honig
- 200 ml Wasser
- 1 Teelöffel abgeriebene Schale einer Zitrone
- 1 Esslöffel Butter
- 1 Teelöffel Öl
- Salz

»Die Israeliten begannen wieder zu weinen und sagten: Wenn uns doch jemand Fleisch zu essen gäbe! Wir denken an die Fische, die wir in Ägypten umsonst zu essen bekamen …, an die Zwiebeln und an den Knoblauch. Doch jetzt vertrocknet uns die Kehle, nichts bekommen wir zu sehen als immer nur Manna« (Numeri 11,4–6).

Zubereitung: Die ganzen Zwiebeln 10 Minuten lang in kochendem, leicht gesalzenem Wasser abbrühen. Aus dem Wasser heben, Stiel und Wurzelende sowie die äußere Haut entfernen und quer durchschneiden. Eine feuerfeste Form mit Öl einpinseln und die Zwiebelhälften so hineinlegen, dass die Schnittflächen nach oben zeigen.
In einem Topf Wasser mit Honig aufkochen, die abgeriebene Zitronenschale dazugeben, ebenso die Butter und das Salz. Die Flüssigkeit über die Zwiebeln gießen, die Form mit einem Deckel oder mit Alufolie abdecken und im Backofen bei 180 ° etwa eine Stunde backen.
Wenn die Zwiebeln weich sind, den Deckel entfernen und die gehackten Walnüsse darüberstreuen. Noch einmal für 10 Minuten in den Ofen stellen.

Rindfleisch mit Zwiebeln

Zutaten

- 800 g Rindfleisch ohne Knochen
- Salz
- 1 Esslöffel Mehl
- 5 Zwiebeln
- 3 Knoblauchzehen
- 100 ml Olivenöl
- 1 Apfel
- 1 Teelöffel Kurkuma
- 1 Teelöffel Kümmel
- 1 Teelöffel Koriander
- 2 Lorbeerblätter
- 1 Tütchen Safran
- 300 ml Wasser
- 50 g geröstete Mandelhälften

Zubereitung: Das Öl zusammen mit Kurkuma, Kümmel, Koriander und Knoblauch erhitzen. Das Fleisch in Würfel schneiden, leicht mit Mehl bestäuben, salzen und zusammen mit den Lorbeerblättern in dem gewürzten Öl anbraten. Die grob gehackten Zwiebeln dazugeben; mit Wasser auffüllen. Bei mäßiger Hitze eine Stunde köcheln. Inzwischen den Apfel schälen, klein schneiden und mit dem Safran zum Braten geben. Noch etwa 1/2 Stunde schmoren. Vor dem Servieren mit den gerösteten Mandeln bestreuen.

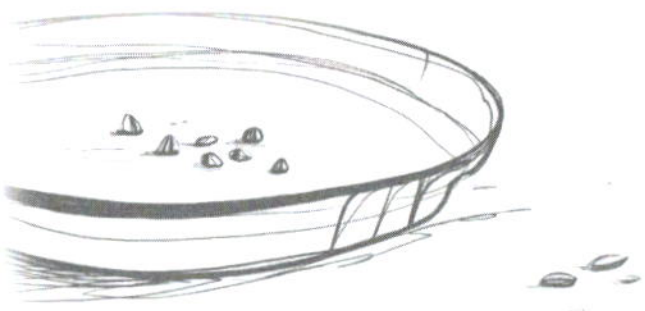

Die Erinnerung an die ägyptischen Speisen war eine zwischenzeitliche Episode, eine Folge der Entbehrungen in der Wüste. Die Erinnerung an den Auszug aus dem »ägyptischen Sklavenhaus« aber ist bis heute lebendig. Sie spielt eine zentrale Rolle im Gedächtnis der Juden wie der Christen.

Das erste Paschamahl

»Der Herr sprach zu Mose und Aaron in Ägypten: Dieser Monat soll die Reihe eurer Monate eröffnen, er soll euch als der erste unter den Monaten des Jahres gelten. Sagt der ganzen Gemeinde Israel: Am Zehnten dieses Monats soll jeder ein Lamm für seine Familie holen, ein Lamm für jedes Haus. Ist die Hausgemeinschaft für ein Lamm zu klein, so nehme er es zusammen mit dem Nachbarn, der seinem Haus am nächsten wohnt, nach der Anzahl der Personen. Bei der Aufteilung des Lammes müsst ihr berücksichtigen, wie viel der Einzelne essen kann. Nur ein fehlerfreies, männliches, einjähriges Lamm darf es sein, das Junge eines Schafes oder einer Ziege müsst ihr nehmen. Ihr sollt es bis zum vierzehnten Tag dieses Monats aufbewahren. Gegen Abend soll die ganze versammelte Gemeinde Israel die Lämmer schlachten.

Man nehme etwas von dem Blut und bestreiche damit die beiden Türpfosten und den Türsturz an den Häusern, in denen man das Lamm essen will. Noch in der gleichen Nacht soll man das Fleisch essen. Über dem Feuer gebraten und zusammen mit ungesäuertem Brot und Bitterkräutern soll man es essen. Nichts davon dürft ihr roh oder in Wasser gekocht essen, sondern es muss über dem Feuer gebraten sein. Kopf und Beine dürfen noch nicht vom Rumpf getrennt sein. Ihr dürft nichts bis zum Morgen übrig lassen. Wenn aber am Morgen noch etwas übrig ist, dann verbrennt es im Feuer! So aber sollt ihr es essen: eure Hüften gegürtet, Schuhe an den Füßen, den Stab in der Hand. Esst es hastig! Es ist die Paschafeier für den Herrn … Über alle Götter Ägyptens halte ich Gericht, ich, der Herr …

Diesen Tag sollt ihr als Gedenktag begehen. Feiert ihn als Fest zur Ehre des Herrn! Für die kommenden Generationen macht euch diese Feier zur festen Regel! Sieben Tage lang sollt ihr ungesäuertes Brot essen« (Exodus 12,1–15).

»Esst es hastig!«

Zum Menschsein
gehört die Freiheit.
Frei werden, das ist ein notwendiger Prozess,
um ein reifer Mensch zu werden.
Und erst wo Freiheit ist,
wird aus bloßer Entwicklung
wirkliche Geschichte.

Der Weg von der Sklaverei in die Freiheit
duldet keinen Aufschub:
Eile war geboten,
als das Volk Israel aufbrach aus dem Sklavenhaus.
Wartet nicht, zögert nicht:
Hastig sollt ihr es essen, das Paschalamm!

Gegrilltes Lammfleisch

Das »Unschuldslamm«

Von Lämmern ist in der Bibel an vielen Stellen die Rede. Aus dem Alten Testament kennen wir das Opferlamm: ein sanftes, schwaches, unschuldiges Tier, zugleich eine erlesene, köstliche Speise.

Im Neuen Testament wird der Begriff auf Jesus bezogen, besonders nachdrücklich im letzten biblischen Buch, der »Offenbarung des Johannes«. Jesus ist derjenige, der sein Leben hingibt wie ein Lamm, das geopfert wird, und zugleich der »Verherrlichte«: Der Gekreuzigte ist der Auferstandene; seine so ohnmächtig scheinende Liebe ist stärker als der Tod.

Zutaten

- 1 kg Lammfleisch oder Zicklein
- 1 Esslöffel Kümmel
- 1 Esslöffel Koriander
- 3 Knoblauchzehen
- 150 ml Zitronensaft
- 150 ml Olivenöl
- Salz
- Rosmarin

Zubereitung: Das Lammfleisch in Stücke schneiden und für etwa 2 Stunden in eine Marinade aus Öl, Zitronensaft, gehacktem Knoblauch, Kümmel und Koriander legen. Von Zeit zu Zeit gut durchrühren.
Den Grill anheizen, das Fleisch auf die Grillschale legen und 10 bis 15 Minuten braten. Von Zeit zu Zeit mit der Marinade einpinseln. Vor dem Servieren salzen.

Die heilige Zahl Sieben

In der Schilderung des abendlichen Paschamahls begegnet uns oft die Zahl Sieben, gelegentlich auch in der Verdoppelung: vierzehn.
Zahlen haben in der Bibel häufig eine tiefere symbolische Bedeutung. Die Sieben zum Beispiel steht für Fülle, Vollständigkeit. Und wenn man sagen will: unendlich viel, unendlich oft, dann bedient man sich der Multiplikation: 7 mal 7; 70 mal 7. So oft, sagt Jesus, solle man dem anderen verzeihen (Matthäus 18,22).

Viele weitere Beispiele gibt es, eines ist allgemein bekannt: die Erzählung von der Erschaffung der Welt. Am »siebten Tag« ruhte Gott: Das Werk ist vollendet!

Lamm-spießchen

Zutaten

- 800 g Lammschulter
- 4 kleine Zwiebeln
- 4 Knoblauchzehen
- 12 Salbeiblätter oder Kerbel
- 150 ml Olivenöl
- Salz

Zubereitung: Das Fleisch entbeinen und in Würfel schneiden. Die Zwiebeln in Spalten schneiden und acht kleine Spieße abwechselnd mit Fleisch, Zwiebelstücken und Salbeiblättern oder Kerbel bestücken. Das Öl mit den gehackten Knoblauchzehen verrühren, die Spieße darin 2 Stunden lang marinieren. Auf dem Rost eines Holzkohlegrills oder in einer gusseisernen Pfanne 10 Minuten braten. Ab und zu mit dem Knoblauchöl einpinseln.

Lauter Lämmer ...

In der Bibel verkörpert das Lamm Unschuld, Schwachheit und Sanftmut. Das Paschalamm steht für den Übergang aus der Sklaverei in die Freiheit, aus dem Tod in ein neues Leben. Wie gesagt wird auch im Neuen Testament das Bild des Lammes aufgegriffen: Jesus wird als das »Lamm Gottes« bezeichnet, »das die Sünde der Welt hinwegnimmt« (Johannes 1,29): Er hat am Kreuz sich selber hingegeben, um uns Menschen zu erlösen.

Auch seine Jünger vergleicht Jesus mit Lämmern: »Seht, ich sende euch wie Lämmer mitten unter die Wölfe«, sagt er ihnen, als er sie ausschickt, die Frohe Botschaft zu verkünden (vgl. Lukas 10,3). Nie dürfen sie auf der Seite der Unterdrücker stehen …

Und wenn Jesus dem Petrus aufträgt, seine Schafe und Lämmer zu weiden (vgl. Johannes 21,15–17), so sind damit die Frauen und Männer gemeint, die zur Kirche gehören: Für sie sollen Petrus und die anderen Apostel da sein wie Christus, der »gute Hirte«.

Das Bild des guten Hirten kennt schon das Alte Testament, und es ist alles andere als sentimental: Im Unterschied zu den heftig kritisierten Mächtigen, die ihrer Verantwortung nicht nachkommen, den schlechten Hirten, »die nur sich selbst weiden«, sorgt Gott, der Herr, für seine Herde (vgl. Ezechiel 34,1–10). Jesus knüpft daran an: Er ist der gute Hirt, der sein Leben »hingibt für die Schafe« (vgl. Johannes 10,1–21). Als Hirten (lateinisch: *pastores*, daher das deutsche Wort Pastor) werden in den meisten christlichen Konfessionen Seelsorger mit besonderen (Leitungs-)Aufgaben bezeichnet.

* * *

Auf dem Feuer gebratenes Fleisch ... hat eine jahrtausendealte Tradition. Bis heute ist das Grillen eine beliebte Zubereitungsmethode – in vielerlei Varianten. Wie und wann genau unsere Vorfahren dazu übergingen, Fleisch zu braten oder in erhitztem Wasser zu kochen, wissen wir nicht. Jedenfalls nimmt man an, dass das Braten über offenem Feuer die älteste Kochtechnik ist. In heißen Wüstenregionen gibt es übrigens bis heute noch eine andere Methode: das Kochen bzw. Garen mithilfe heißer Steine.

Mangold mit Pistazien

Zutaten

- 500 g Mangold
- 4 Esslöffel Olivenöl
- 1 Knoblauchzehe
- 3 Esslöffel grüne und schwarze Oliven
- 2 Esslöffel geschälte Pistazien
- 1 Esslöffel Kapern

Bitterkräuter symbolisieren die bittere Zeit der Sklaverei in Ägypten; sie sind Teil der Sederplatte beim jüdischen Pessachmahl (Pascha). Es ist nicht ganz klar, welche Pflanzen in der Bibel ursprünglich gemeint waren. Wahrscheinlich handelte es sich um eine Mischung wilder Kräuter, die man auf den Feldern und Wiesen fand, wie wilder Salat bzw. Lattich, Salbei, Malve (malva acetosa). In der späteren jüdischen Tradition hat man oft Rettich genommen, doch den gab es wohl vor 3000 Jahren in dieser Gegend nicht. Hier wird alternativ Mangold vorgeschlagen; man kann auch Chicorée verwenden.

Zubereitung: Das Gemüse waschen und in nicht zu große Stücke schneiden. Den Knoblauch hacken und in einer Pfanne in Öl andünsten. Den Mangold dazugeben und gut durchbraten. Die dabei entstandene Flüssigkeit etwas einkochen lassen. Dann die Pfanne vom Herd nehmen und die entkernten und halbierten Oliven, sowie die Pistazien und Kapern unterrühren und servieren.

Das Pessachmahl

Das Pessach oder Pascha, eines der Hauptfeste im Judentum, ist ein großes, einwöchiges Familienfest mit verschiedenen Riten wie dem »Seder« (wörtl.: Ordnung), dem festlichen Abendmahl mit symbolischen Speisen und der sogenannten »Haggada«, der Nacherzählung der Befreiung des Volkes aus der ägyptischen Knechtschaft: Traditionell stellt das jüngste Kind Fragen, und der Älteste der Familie erzählt, was damals geschah und was die einzelnen Elemente bedeuten. Zum Sedermahl gehören verschiedene Speisen und Getränke in einer ganz bestimmten Reihenfolge. In der Mitte stehen die Mazzen, die ungesäuerten Brote, die daran erinnern, dass die Israeliten in Ägypten so schnell aufbrechen mussten, dass zum Säuern und Gärenlassen der Brote keine Zeit mehr blieb; sodann gehören dazu: Karpas (Sellerie o. Ä., Zeichen der Frucht der Erde), Maror (Bitterkräuter), Seroa (Lammkeule), ein gesottenes Ei zum Zeichen der Trauer um die Zerstörung des Jerusalemer Tempels, Charoset (eine Art geknetetes Fruchtmus zur Erinnerung an die Lehmziegel, die die Israeliten in Ägypten herstellen mussten). Salzwasser erinnert an die in der Knechtschaft vergossenen Tränen und der rote Wein an das »Blut des Bundes« (vgl. Exodus 24,1–8).

Ungesäuertes Brot

Zutaten

- 400 g Hartweizenmehl
- 200 ml Wasser

Zubereitung: Mehl und Wasser zu einem gleichmäßigen Teig verkneten. Kleine Stücke abtrennen, flach drücken und zu einem dünnen Fladen ausrollen. Mit einer Gabel kleine Löcher hineinstechen. Der Teig muss zügig (in weniger als 18 Minuten) verarbeitet werden, damit er nicht zu säuern beginnt. Auf einem Backblech bei 220° etwa 6 bis 8 Minuten backen. Abkühlen lassen.

Ohne jede Art von »Backtriebmitteln« ...

Während der gesamten Dauer des Paschafestes darf nur ungesäuertes Brot verzehrt werden, daher auch der Name »Fest der ungesäuerten Brote«. Auch auf andere Speisen, die »aufgegangen« sind, wird verzichtet. In bestimmten Diäten unserer von mancherlei Lebensmittelunverträglichkeiten geprägten Zeit werden »Backtriebmittel« ausgeschlossen. Die alte Vorschrift, nur »ungesäuertes Brot« usw. zu essen, hatte freilich andere Gründe: Genannt werden der rasche Aufbruch in Ägypten, aber auch die Vorstellung, dass ungesäuertes Brot genuiner, reiner sei. In diesem Sinne spricht Jesus davon, dass man sich vor dem »Sauerteig der Pharisäer« hüten solle (Matthäus 16,6), das heißt hier: vor einer Lehre, die nichts Gutes hervorbringt.

Brottorte

Wenn ungesäuertes Brot übrig geblieben ist, kann man daraus eine schmackhafte Brottorte zubereiten:

Das Brot einen Tag lang einweichen. Das überschüssige Wasser abgießen. Aus der Brotmasse jetzt einen gleichmäßigen Teig kneten. Eier, Honig, Pinienkerne und Rosinen dazugeben und alles gut mischen. Den Teig in eine gefettete Backform geben und im Ofen bei 150° etwa eine Stunde backen. Abkühlen lassen. Danach mit Rosenwasser benetzen und mit dem grob gehackten Rosmarin bestreuen.

Warum Ostern jedes Jahr auf einen anderen Tag fällt

Das jüdische Pessach (Pascha) beginnt am Abend des 14. Nisan, dem Tag des ersten Frühlingsvollmonds. Für die Christen verband sich mit dem Paschafest die Erinnerung an das Leiden, den Tod und die Auferstehung Jesu. Mit der Trennung der Christen vom Judentum kam es zu Konflikten im Zusammenhang mit dem Osterfest, besonders was den Termin betraf. Auf dem Konzil von Nizäa wurde 325 der erste Sonntag (als »Herrentag«) nach dem ersten Frühlingsvollmond als Ostertermin festgelegt. Doch leider gab und gibt es unter den Christen diesbezüglich keine allgemeingültige Festlegung. Unterschiedliche Berechnungsgrundlagen führen dazu, dass z. B. die orthodoxen Kirchen in der Regel an einem anderen Tag Ostern feiern als die westliche Christenheit.

Was ist weniger, was ist mehr?

Wenn der Überfluss abnimmt,
wenn wir uns mit weniger
begnügen müssen,
öffnet sich der Blick für das Wesentliche.
Und wir merken mehr denn je,
wie wichtig die Menschen um uns sind.

Wenn der Lärm um uns und in uns zur Ruhe kommt,
wenn die tausend Dinge,
die wir erledigen und die wir haben wollen,
in den Hintergrund treten,
vernehmen wir wieder leise die Stimmen der Menschen
und ihren Wunsch nach Nähe und Freundschaft.

Wir brauchen die Erfahrung der »Wüste«:
Wenn das Leben beschwerlicher wird
und die Zeit lang,
dann werden wir wieder fähig zu entdecken,
wie kostbar, welch einzigartiger Schatz die anderen sind:
ein jeder auf seine Weise.

»Der Herr sprach zu Mose: Ich habe das Murren der Israeliten gehört. Sag ihnen: Am Abend werdet ihr Fleisch zu essen haben, am Morgen werdet ihr satt sein von Brot und ihr werdet erkennen, dass ich der Herr, euer Gott, bin.

Am Abend kamen die Wachteln und bedeckten das Lager. Am Morgen lag eine Schicht von Tau rings um das Lager. Als sich die Tauschicht gehoben hatte, lag auf dem Wüstenboden etwas Feines, Knuspriges, fein wie Reif, auf der Erde. Als das die Israeliten sahen, sagten sie zueinander: Was ist das? Denn sie wussten nicht, was es war. Da sagte Mose zu ihnen: Das ist das Brot, das der Herr euch zu essen gibt. Das ordnet der Herr an: Sammelt davon so viel, wie jeder zum Essen braucht, ein Gomer je Kopf. Jeder darf so viel Gomer holen, wie Personen im Zelt sind« (Exodus 16,11–16).

Ein »Exodus« oder zwei?

Wer die biblische Erzählung liest, könnte sich den Auszug aus Ägypten wie eine Art großer Prozession denken: Von Mose geführt, zieht das Volk durchs Meer in die Wüste und gelangt schließlich zum verheißenen Land. Historisch wird man aber verschiedene Bewegungen annehmen müssen: neben einer regelrechten Flucht einer Gruppe auch eine (erlaubte oder gar erzwungene) Auswanderung anderer Stämme oder Gruppen. Auch die Route war wohl nicht einheitlich. Doch solche Fragen sind nicht entscheidend: Wichtig für Israel ist, *dass* Gott das Volk in die Freiheit geführt hat, in das von ihm im Voraus bestimmte Land der Verheißung: Er ist der Herr der Geschichte, er steht zu seinem Volk.

Vom Murren und vom Manna ...

Die Gruppe, die aus Ägypten geflohen ist, »murrt« immer wieder gegen Mose und so auch gegen Gott. Der Gipfel ist das Gießen eines »goldenen Kalbs«. Doch durch alle Treulosigkeit und Undankbarkeit hindurch erlebt Israel, wie sehr es seinen Gott braucht und wie dieser ihm ganz konkret zur Seite steht: Er schickt ihm »Brot vom Himmel« (Manna, wörtlich: »Was ist das?«) und nährt es auf wunderbare Weise. Die Christen sehen in Jesus, der sich im eucharistischen Brot selbst zur Speise gibt, »das wahre Manna«.

Brot des Segens

In Exodus 29 wird erzählt, wie Aaron und seine Söhne mitten in der Wüste zu Priestern geweiht werden. Es ist ein recht komplexes Ritual, bei dem verschiedene Speisen als Opfer oder auch für die Geladenen zubereitet werden.

Die Mengenangaben des Rezepts in Exodus 29,40 ergeben übrigens einen reichlich großen Brotfladen, die zusammen mit den Lämmern als Opfer dargebracht werden soll: »ein Zehntel Feinmehl« (etwa 4 Liter) und »ein viertel Hin Öl aus gestoßenen Oliven« (etwa 1,6 Liter). Für vier Personen reicht die rechts angegebene Menge!

Priester im »Alten Bund«

Die Priester des alten Israel, männliche Nachkommen Aarons aus dem Stamm Levi, waren in Dienstgruppen eingeteilt und übten in einer bestimmten Reihenfolge im Tempel ihren Dienst aus.

Zubereitung: Das Mehl mit einer Prise Salz und dem pikanten Olivenöl zu einem Teig verarbeiten. Nach und nach das Wasser dazugeben und den Teig so lange kneten, bis die Masse ölig schimmert.
Dann dünn ausrollen, handgroße runde Stücke ausstechen, auf ein gefettetes Backblech legen und bei 200° etwa 25 Minuten backen.

Zu Tisch bei David

David und die Königszeit

Nach dem Tod des Mose zog das Volk Israel in das verheißene Land ein; sogenannte Richter übernahmen Leitungsaufgaben, u. a. die Rechtsprechung (daher der Name »Richter«). Die biblischen Bücher über diese Zeit zeigen, wie wichtig es für das immer wieder untreue Volk ist, je neu zu Gott zurückzukehren und auf ihn zu hören.

Die Auseinandersetzungen unter den zwölf Stämmen Israels ließen dann den Ruf nach einem König laut werden. Mit Samuel, der schon Züge eines Propheten trägt, beginnt ein neuer Abschnitt: Er war es, der Saul zum ersten König Israels salbte. Nach Sauls Tod wurde David sein Nachfolger: der berühmteste der Könige Israels, Dichter und Herrscher, Sünder und Heiliger, Individuum und Symbolfigur.

Bei David zu Tisch sein, das heißt gewahr zu werden, welch reiche Gaben dieses Land vom Jordan bis ins Zentrum Palästinas zu bieten hat: Milch und Honig, Feigen und Granatäpfel. Nicht von ungefähr ist es ein umkämpftes Land, das den Israeliten von allen Seiten streitig gemacht wird. Schon der Einzug ins „verheißene Land" hatte vielerlei Gesichter gehabt: Züge einer gewaltsamen Eroberung wie Züge einer allmählichen Einwanderung in die dortigen Städte und Dörfer.

Auf David folgte der sprichwörtlich weise König Salomo, der letzte, glanzvolle König des geeinten Reiches, das sich dann in ein Nordreich (Israel) und ein Südreich (Juda) spaltete. Die überaus bewegte Geschichte von David und Samuel ist nachzulesen in den Büchern 1 und 2 Samuel und 1 Könige 1–11: Langeweile kommt wahrlich keine auf an ihrem Tisch!

Mannigfaltiger Reichtum

Die Erde bewohnen
mit Augen, die staunen können,
über diese Fülle an Farben und Düften.
Mit offenem Herzen ihre herrlichen Gaben bewundern,
sich satt sehen an diesem mannigfaltigen Reichtum
und sich freuen am Wohlgeschmack köstlicher Früchte.

Wahrnehmen und staunen,
davon erzählen,
sich miteinander freuen
und gemeinsam danken.

Dank sagen auch für die Vielfalt
unter uns Menschen,
für die – oft mühsame –
Unterschiedlichkeit.
Miteinander leben
hat seinen Preis,
doch wie wichtig
ist die Gemeinschaft:
lebenswichtig wie die Nahrung,
wertzuschätzen und gut zu hüten!

Wachteln der Verheißung

Zutaten

- 4 ausgenommene Wachteln (oder Hühnchen)
- 100 g Perlgraupen
- 100 g Bulgur
- 125 g getrocknete Feigen
- 80 g Datteln
- 100 g grüne und schwarze Oliven (ohne Kern)
- 1 Ei
- 2 Zwiebeln
- 1 Glas trockener Rotwein
- 150 g weiße Weintrauben
- Kerne eines halben Granatapfels
- 200 ml Olivenöl
- 1 Teelöffel Thymian
- 1 Teelöffel Honig
- Salz

»Du sollst auf die Gebote des Herrn, deines Gottes, achten … Wenn der Herr, dein Gott, dich in ein prächtiges Land führt, ein Land mit Bächen, Quellen und Grundwasser, das im Tal und am Berg hervorquillt, ein Land mit Weizen und Gerste, mit Weinstock, Feigenbaum und Granatbaum, ein Land mit Ölbaum und Honig, ein Land, in dem du nicht armselig dein Brot essen musst, in dem es dir an nichts fehlt …, wenn du dort isst und satt wirst und den Herrn, deinen Gott, für das prächtige Land, das er dir gegeben hat, preist, dann nimm dich in Acht und vergiss den Herrn, deinen Gott, nicht« (Deuteronomium 8,6–11).

Zubereitung: Graupen und Bulgur getrennt »al dente« kochen. Abkühlen lassen. Dann beides zusammen in eine große Schüssel geben. Die Feigen, Datteln und Oliven klein schneiden und zusammen mit dem Ei und dem Honig sorgfältig unter das gekochte Getreide rühren und abschmecken.
Die Wachteln (oder Hühnchen) innen leicht salzen, mit der Paste füllen und mit Zahnstochern verschließen.
Eine halbe Zwiebel hacken, in eine Auflaufform geben und darauf die gefüllten Wachteln (Hühnchen) legen. Mit Öl und Salz würzen und die Form, zugedeckt, in den Backofen stellen. Bei 180° etwa 45 Minuten garen. Dann den Deckel entfernen, das Fleisch mit dem Bratensaft begießen und weitere 15 Minuten schmoren lassen.
Für die Sauce werden die restlichen Zwiebeln in einer Pfanne goldbraun geröstet, die Trauben (einmal durchschneiden!), die Granatapfelkerne und der Thymian dazugegeben und mit dem Wein abgelöscht. Die heiße Sauce über die gebratenen Wachteln geben.

Das Land Israel: Traum, Geschenk oder erobertes Gebiet?

Das Land, in dem Israel leben sollte, war für das Volk ein Geschenk Gottes. Doch schon beim Einzug ins »verheißene Land« musste Israel feststellen, dass es kein unbewohntes Land ist: Hinter dem Jordan gab es befestigte Städte, Kleinstaaten, Völker, die dort seit Langem lebten (wie die Philister, von denen sich das Wort »Palästina« herleitet). Bei der zum Teil kriegerischen Inbesitznahme des Landes erlebte Israel, wie Gott auf seiner Seite stand. Es hat freilich auch langwierige Prozesse des Zusammenwachsens mit den Einheimischen gegeben. Dass Gott *alle* Menschen am Herzen liegen, das war und ist für sein Volk ein schwieriger Lernprozess …

Das Land heute … Das dem Abraham verheißene, nach dem Exodus eingenommene Land Israel war in der Geschichte immer wieder umkämpft. Ende des 19. Jahrhunderts hat die von Theodor Herzl gegründete zionistische Bewegung die Hoffnung der Juden auf eine Rückkehr zum Zion, nach Jerusalem, und einen eigenen Staat wiederbelebt. 1948 schließlich wurde der Staat Israel gegründet – mit allen bis heute ungelösten Problemen: Die Palästinenser wünschen sich einen souveränen eigenen Staat, und die Hoffnung auf wirklichen Frieden hat sich immer noch nicht erfüllt …

Zutaten

- 400 g große getrocknete Feigen
- 50 g Rosinen
- 300 ml Wasser
- 100 ml trockener Rotwein
- 1 Stückchen Zimtstange

Geschmorte Feigen

Kleine Feigen halbieren, größere vierteln und zusammen mit Rosinen, Rotwein und Zimtstange in Wasser so lange köcheln, bis die Früchte weich geworden sind.

Dann noch heiß servieren.

Getreideanbau, Sesshaftwerdung ... und immer auf dem Weg

Feigen oder Granatäpfel kann man einfach pflücken, doch das Anbauen von Getreide verlangt vielerlei Kenntnisse. Israel hat es von den einheimischen Völkern, die in Palästina schon länger sesshaft waren, gelernt. Sesshaft zu werden ist ein großer Schritt: Nicht nur der Ackerbau, auch die Umstellung von einem Leben in Zelten auf ein Leben in Häusern gehört dazu … In einem Zelt aber wird auf Gottes Geheiß die Bundeslade mit den Gesetzestafeln zunächst weiter aufbewahrt. Erst unter Davids Nachfolger Salomo wurde der Jerusalemer Tempel errichtet. Im Gedenken an die Wüstenwanderung und das »Leben im Zelt« feiern die Juden das »Laubhüttenfest« (Sukkot; ursprünglich ein Erntefest); sieben Tage sollten sie in Laubhütten oder Zelten wohnen: eine Erinnerung, dass das Volk immer »auf dem Weg« ist – mit dem Herrn an seiner Seite.

Gebackener süßer Ricotta

Aus dem Ricotta vier gleichmäßig runde, flache Medaillons formen. In einer beschichteten Pfanne die Butter erhitzen und den Frischkäse goldbraun braten. Mehrmals wenden. Noch heiß auf Dessertteller geben und mit den Mandeln und dem Zimt bestreuen.
Erst kurz vor dem Servieren mit dem Honig verfeinern.

Zutaten

- 400 g Ricotta
- 50 g Mandelblättchen
- 50 g Butter
- 2 Esslöffel Honig
- 1/2 Teelöffel Zimt

Milch mit Anis

Zutaten

- 1 l frische Vollmilch
- 1 Teelöffel Anis
- 2 Teelöffel Honig

Den Anis in die Milch geben und 30 Minuten durchziehen lassen. Dann die Anismilch erwärmen (nicht kochen!) und dabei ständig umrühren. Durch ein Sieb oder ein Tuch filtern und, solange die Milch noch heiß ist, den Honig hineingeben. Warm servieren. Oder kühl stellen und später kalt trinken!

Milch und Honig ... und noch viel mehr!

»Es ist wirklich ein Land, in dem Milch und Honig fließen« (Numeri 13,27), so beschrieben die von Mose ausgesandten Kundschafter das Land Kanaan. Auch Granatäpfel, Feigen und Trauben brachten sie mit. »Milch und Honig« ist zum geflügelten Wort geworden, zum Synonym für Wohlergehen. Und Honig war ein sehr kostbares Süßungsmittel.

Aus der Geschichte von Gideon, einem der »Richter« Israels

»Der Engel des Herrn kam und setzte sich unter die Eiche bei Ofra, die dem Abiësriter Joasch gehörte. Sein Sohn Gideon war gerade dabei, in der Kelter Weizen zu dreschen, um ihn vor Midian in Sicherheit zu bringen. Da erschien ihm der Engel des Herrn und sagte zu ihm: Der Herr sei mit dir, starker Held. (…)

Da wandte sich der Herr ihm zu und sagte: Geh und befrei mit der Kraft, die du hast, Israel aus der Faust Midians! Ja, ich sende dich.

Er entgegnete ihm: Ach, mein Herr, womit soll ich Israel befreien? Sieh doch, meine Sippe ist die schwächste in Manasse und ich bin der Jüngste im Haus meines Vaters.

Doch der Herr sagte zu ihm: Weil ich mit dir bin, wirst du Midian schlagen, als wäre es nur ein Mann.

Gideon erwiderte ihm: Wenn ich dein Wohlwollen gefunden habe, dann gib mir ein Zeichen dafür, dass du selbst es bist, der mit mir redet. Entfern dich doch nicht von hier, bis ich zu dir zurückkomme; ich will eine Gabe für dich holen und sie vor dich hinlegen. Er sagte: Ich werde bleiben, bis du zurückkommst.

Gideon ging (ins Haus) hinein und bereitete ein Ziegenböckchen zu sowie ungesäuerte Brote von einem Efa Mehl. Er legte das Fleisch in einen Korb, tat die Brühe in einen Topf, brachte beides zu ihm hinaus unter die Eiche und setzte es ihm vor.

Da sagte der Engel Gottes zu ihm: Nimm das Fleisch und die Brote, und leg sie hier auf den Felsen, die Brühe aber gieß weg! Gideon tat es. Der Engel des Herrn streckte den Stab aus, den er in der Hand hatte, und berührte mit seiner Spitze das Fleisch und die Brote. Da stieg Feuer von dem Felsblock auf und verzehrte das Fleisch und die Brote. Der Engel des Herrn aber war Gideons Augen entschwunden« (Richter 6,11f.14–21).

Ein »Engelsmahl«

Die Verbindung nach oben offen halten.
Nicht in uns selbst gefangen bleiben.
Uns eingestehen, dass wir uns nicht selbst genügen.
Das Irdische dem Himmel zurückschenken
und teilen, was wir haben.
Sonst verengt sich der Horizont:
Der Blick geht nicht mehr in die Ferne,
und die Türen bleiben verschlossen,
wo Menschen nur auf sich und ihren Reichtum bedacht sind.
Das Geheimnis des Lebens
tut sich den »Kleinen« auf,
denen, die sich nicht selbst groß machen
und um ihre Armut wissen.

Gekochtes Zicklein oder Lamm

Ganz klein ... und groß in den Augen Gottes

Gott hat offenbar eine Vorliebe für das Kleine, für »die ganz unten«, für »die Letzten«. Schon zu Zeiten eines Saul, der König wird, obwohl (oder weil?!) er aus dem Stamm Benjamin kommt, dem kleinsten Israels. Oder denken wir an König David, den jüngsten der Söhne Isais (= Jesse). Und ist nicht Israel selbst ein ganz kleines Volk unter mächtigen, großen Nachbarvölkern? Gott hat andere Kriterien als wir Menschen. »Gott sieht nicht auf das, worauf der Mensch sieht. Der Mensch sieht, was vor den Augen ist, der Herr aber sieht das Herz« (1 Samuel 16,7).

Die Gideongeschichte zielt in eine ähnliche Richtung: Wenn dieses kleine Volk Israel vermeintlich überlegene Gegner bezwingt, dann deshalb, weil Gott, der Herr, sein Verbündeter ist.

Zutaten

1 1/2 kg Keule vom Zicklein oder Lamm
- 2 Bleichsellerie
- 2 Stangen Porree
- 2 Zwiebeln
- 2 Knoblauchzehen
- Olivenöl
- Salz
- 8 ungesäuerte Brote

Zubereitung: Das Gemüse putzen und halbieren. Einen großen Topf zu zwei Dritteln mit leicht gesalzenem Wasser füllen und darin das Fleisch mit den Gemüsestücken und den Zwiebeln eine gute halbe Stunde langsam kochen. Ab und zu den Schaum von der Brühe abschöpfen. Das gegarte Fleisch in Scheiben schneiden und mit dem Gemüse auf tiefe Teller verteilen, mit Öl und Salz würzen und mit Brot servieren. Wer mag, kann etwas von der heißen Fleischbrühe hinzugeben.

Jesus schließlich sagt in aller Deutlichkeit, dass die Kleinen im Himmelreich die Größten sind; er selbst hat sich zum Diener aller gemacht und kurz vor seinem Tod wie ein Sklave seinen Jüngern die Füße gewaschen.

Gideon (vgl. S. 56) war – wie Simson – einer der sogenannten »Richter«, die nach der Landnahme wichtige Leitungsaufgaben innehatten. Seine Geschichte wird in den Kapiteln 6 bis 8 im Buch der Richter erzählt. Stärke und Entschlossenheit, aber auch Schläue und Geschicklichkeit zeichneten ihn aus. So gelang es den Israeliten trotz ihrer zahlenmäßigen Unterlegenheit, die Midianiter zu besiegen. – Wichtig für Israel ist, dass es nicht sagen kann: »Meine eigene Hand hat mich gerettet« (Richter 7,2), sondern begreift: Es ist der Herr, der uns führt!

Lammkarree mit Lorbeerblättern

Zubereitung: In eine große, leicht geölte Auflaufform die in dicke Scheiben geschnittenen Zwiebeln und vier ganze Lorbeerblätter geben. Darauf die vier Lammkarrees legen, salzen und mit den restlichen, diesmal grob zerkleinerten Lorbeerblättern bedecken.
10 Minuten im Backofen bei 200° garen. Dann mit dem Wein begießen und noch einmal für 10 Minuten in den Backofen stellen; nun bei 180°. Das Fleisch mit dem Bratensaft servieren.

Simson (auch: Samson) war ein Richter aus dem Stamm Dan, der sich im Kampf gegen die Philister als praktisch unbesiegbar erwies. Im Buch der Richter (13–16) werden seine wunderbare Geburt, seine Hochzeit und seine außergewöhnlichen Taten geschildert, z. B. die Tötung eines Löwen »mit bloßen Händen«.

Als Simson sich in eine Philisterin namens Delila verliebte, verriet er ihr das Geheimnis seiner Stärke: das ungeschorene Haupthaar, ein Zeichen seiner Weihe an Gott. Delila verriet es ihrerseits ihren Landsleuten. Daraufhin wurde Simson gefesselt, geblendet und geschoren. Doch sein Haar fing in der Haft wieder an zu wachsen, und als die Philister ihren Spott mit ihm treiben wollten, gelang es ihm, ihren Tempel zum Einsturz zu bringen. So riss er die dort versammelten Philister mit sich in den Tod.

Aufgelesen

David und der junge Ägypter

»Als David und seine Männer am dritten Tag nach Ziklag kamen, waren die Amalekiter in den Negeb und in Ziklag eingefallen und hatten Ziklag erobert und niedergebrannt. Die Frauen und was sonst in der Stadt war, Jung und Alt, hatten sie, ohne jemand zu töten, gefangen genommen und bei ihrem Abzug mit sich weggeführt …

David befragte den Herrn: Soll ich diese Räuberbande verfolgen? Werde ich sie einholen? Der Herr antwortete: Verfolg sie! Denn du wirst sie mit Sicherheit einholen und deine Leute befreien.

David brach also mit den sechshundert Mann, die bei ihm waren, auf und sie kamen bis zum Bach Besor. Die Nachzügler machten dort Rast … Man griff dort im Gelände einen Ägypter auf und brachte ihn zu David. Sie gaben ihm Brot zu essen und Wasser zu trinken, außerdem gepresste Feigen und zwei Rosinenkuchen. Als er gegessen hatte, kehrten seine Lebensgeister zurück; er hatte nämlich schon drei Tage und drei Nächte keinen Bissen Brot mehr gegessen und keinen Schluck Wasser getrunken. David fragte ihn: Zu wem gehörst du und woher bist du? Er sagte: Ich bin ein junger Ägypter, der Sklave eines Amalekiters. Mein Herr hat mich zurückgelassen, als ich heute vor drei Tagen krank wurde. Wir waren in das Südland der Kereter und in das Gebiet von Juda und in das Südland von Kaleb eingefallen und hatten Ziklag niedergebrannt. David sagte zu ihm: Kannst du mich zu dieser Räuberbande hinführen? Er antwortete: Schwöre mir bei Gott, dass du mich nicht tötest und mich nicht an meinen Herrn ausliefern wirst; dann will ich dich zu dieser Räuberbande hinführen.

Als er David hinführte, sah man die Amalekiter über die ganze Gegend verstreut; sie aßen und tranken und feierten, weil sie im Land der Philister und im Land Juda so reiche Beute gemacht hatten.

David fiel im Morgengrauen über sie her … David entriss den Amalekitern alles wieder, was sie erbeutet hatten … Alles brachte David zurück. David nahm auch alle Schafe und Rinder mit. Man trieb sie vor David her und sagte: Das ist Davids Beute« (aus: 1 Samuel 30,1f.8f.11–20).

Die geöffnete Vorratstasche

Wer krank ist an Leib oder Seele,
kann für die anderen manchmal zur Last werden.
»Schaffe ich es noch?«
»Habe ich nicht selbst genug zu tragen?«
Groß ist die Versuchung und keineswegs überwunden,
den Bedürftigen sich selbst zu überlassen,
ihn in die Wüste der Einsamkeit
und der Gleichgültigkeit zu schicken.
Doch es gibt auch einen anderen Weg:
die Entscheidung,
sich seine Bedürfnisse zu eigen zu machen,
seinen Hunger zu stillen,
den Hunger nach Nahrung und Zuwendung.
Wer so handelt, kann erfahren,
wie viel der andere *ihm* zu geben hat,
wie sehr er die Gemeinschaft bereichern kann.
Es genügt ein wenig Mut:
der Mut, die eigene Vorratstasche zu öffnen.

Feigenbrot

Zutaten

- 300 g Weizenmehl
- 100 ml Olivenöl
- 50 g Honig
- 200 g getrocknete Feigen
- 100 g halbierte Mandeln
- 50 ml lauwarmes Wasser

Zubereitung: Das Mehl mit dem Öl, dem Honig und dem lauwarmen Wasser zu einem lockeren Teig kneten. Die Feigen in kleine Stücke schneiden und mit den Mandeln unterrühren, bis sich die Früchte gut im Teig verteilt haben. Flache runde Fladen formen und bei mittlerer Hitze in einer Pfanne goldbraun backen.

David, König und Dichter

David, der um 1000 v. Chr. lebte, war der zweite König Israels. Er stammte aus Betlehem und hatte sich schon als Hirtenjunge durch seinen sprichwörtlich gewordenen Sieg über den »Riesen Goliat« hervorgetan. Er war hoch angesehen und kam an den Hof des Königs Saul, heiratete dessen Tochter Michal und schloss Freundschaft mit ihrem Bruder Jonatan, dem Erstgeborenen des Königs, der seinen rasenden Neid gegen David nicht zu zügeln vermochte. David aber hat ihn später gleich zwei Mal geschont, als er sich hätte rächen können.

Als Saul und Jonatan im Kampf gegen die Philister starben, wurde David König von Juda; er machte Jerusalem zur Hauptstadt. Davids Leben ist eine Mischung von ruhmreichen Taten, familiären Dramen und auch schwerer Schuld. Die wechselvolle Geschichte ist in den Büchern 1 und 2 Samuel nachzulesen.

Berühmt ist David auch als Psalmendichter und -sänger: Eine Vielzahl dieser zeitlosen biblischen Gesänge und Gebete sind ihm zugeschrieben worden. Seine große Bedeutung in der Geschichte Israels zeigt sich nicht zuletzt darin, dass der erwartete Messias »Sohn Davids« genannt wird.

Saul und David

Die widersprüchlich-schwankende Beziehung zwischen Saul und David prägt etliche Episoden im ersten Buch Samuel. David verschaffte dem womöglich unter Depressionen leidenden Saul Linderung durch sein Spiel auf der Zither; doch eines Tages geriet Saul in Raserei und hätte David um ein Haar mit dem Speer getötet. David ergriff die Flucht. Sauls Gefühle und Verhalten sind höchst ambivalent, ja geradezu gespalten. Vielleicht geht von ihm deshalb bis heute eine solche Faszination aus; wegen seiner inneren Zerrissenheit erscheint er als eine der »modernsten« Gestalten des Alten Testaments.

Salat mit Bulgur

Zutaten

- 250 g grobkörniger Bulgur
- 100 g Hartkäse (z. B. Emmentaler)
- 100 g Oliven
- 4 große Blätter vom Kopfsalat
- 50 g halbierte Mandeln
- 3 Knoblauchzehen
- 4 Esslöffel Olivenöl
- 2 Esslöffel Essig
- Salz

Auch nachdem David Jerusalem erobert hatte, verbrachte er einen großen Teil seines Lebens unterwegs, oft im Kampf. Einige Male wird der Proviant für ihn und seine Leute aufgelistet, so in 2 Samuel 17,28f. Einmal, als die Vorräte aufgebraucht waren, haben sie sich nicht gescheut, die Schaubrote aus dem Tempel zu nehmen (1 Samuel 21,1–7).

In dem Rezept auf dieser Seite wird Bulgur (vorgekochter, geschroteter Weizen) empfohlen; früher hat man gern Korn genommen, das auf heißem Stein geröstet wurde.

Zubereitung: Den Bulgur in leicht gesalzenem Wasser weich kochen. Abkühlen lassen. In der Zwischenzeit den Käse in kleine Würfel schneiden, den Knoblauch und die Oliven fein hacken und zusammen mit den Mandeln unter das Getreide rühren. Mit Öl, Essig und Salz würzen und auf den Salatblättern servieren.

Tamar-Rauten

In 2 Samuel 13 steht die schreckliche Geschichte von Amnon, einem Sohn Davids, der sich an seiner Halbschwester Tamar vergeht. Er hatte sich krank gestellt und sie in seine Kammer gelockt, wo sie ihm etwas zu essen geben sollte. Sie brachte ihm Fettgebackenes. Später hat er seine Tat auf schlimme Weise gebüßt.
Dieses Gebäck ist schnell zubereitet und passt gut zu Käse oder Wurst.

Zutaten

- 250 g Weizenmehl
- 125 ml lauwarmes Wasser
- 2 Esslöffel Olivenöl
- 1 Prise Salz
- Öl zum Frittieren

Zubereitung: Aus Mehl, Wasser, Salz und Öl einen Teig rühren.
Die Schüssel mit einem Tuch abdecken und etwa 1/2 Stunde an einem warmen Ort ruhen lassen.
Dann den Teig sehr dünn ausrollen, rautenförmige Stücke ausschneiden und in heißem Öl frittieren. Dabei mehrmals wenden, damit die Rauten auf beiden Seiten goldgelb werden. Auf Küchenpapier abtropfen lassen und noch heiß servieren.

David, ein unglücklicher Vater ...

Nicht nur Amnon und Tamar bereiteten König David großen Kummer, sondern auch ein anderer Sohn: Tamars Bruder Abschalom. Der schöne, kluge und ehrgeizige junge Mann tötete Amnon, um Tamar zu rächen. Daraufhin verbarg er sich drei Jahre, kehrte dann aber zurück. In seinem Ehrgeiz probte er den Aufstand gegen den eigenen Vater; dieser floh aus Jerusalem, um ein Heer zu sammeln. Der Staatsstreich scheiterte, Abschalom wurde getötet, David aber weinte und trauerte voller Verzweiflung um Abschalom (2 Samuel 13–19): Ein Sohn bleibt ein Sohn!

Im Glanze Salomos

»Salomo war Herrscher über alle Reiche vom Eufrat bis zum Land der Philister und bis an die Grenze Ägyptens. Sie entrichteten Abgaben und waren Salomo untertan, solange er lebte.

Der tägliche Unterhalt Salomos belief sich auf dreißig Kor Feinmehl, sechzig Kor gewöhnliches Mehl, zehn Mastrinder, zwanzig Weiderinder, hundert Schafe, nicht gerechnet die Hirsche, Gazellen, Rehe und das gemästete Geflügel. Denn er herrschte über das ganze Gebiet diesseits des Stromes, von Tifsach bis Gaza, über alle Könige diesseits des Stromes. Er hatte Frieden ringsum nach allen Seiten.

Juda und Israel lebten in Sicherheit von Dan bis Beerscheba; ein jeder saß unter seinem Weinstock und seinem Feigenbaum, solange Salomo lebte« (1 Könige 5,1–5).

Friedenszeiten?

Von Frieden reden, das dürfte man nur,
wenn *alle* in Frieden und Sicherheit
leben können.
Denn Friede für wenige
ist Unrecht für viele.

Weisheit, die ihren Namen verdient
und der Nachahmung wert ist,
beinhaltet die Suche
nach dem Wohl aller,
nach dem Glück eines jeden Menschen.

Haben jene Recht,
die das einen schönen Traum nennen?
Wie dem auch sei:
Wir m ü s s e n ihn träumen,
zu möglichst vielen,
wir müssen ihn l e b e n ,
diesen Traum.

Gänsebrust
mit Wirsing

Zutaten

- 2 Gänsebrüste
- 1 Kopf Wirsing
- 1 große Zwiebel
- 2 Knoblauchzehen
- 200 ml Weißwein
- 1 Esslöffel Essig
- 50 ml Olivenöl
- Salz

Zubereitung: Die Gänsebrüste jeweils in der Mitte teilen. In einem großen Bratentopf die in Scheiben geschnittene Zwiebel und den gehackten Knoblauch in Öl goldbraun rösten. Die Gänsebrüste dazugeben und einige Minuten gut anbraten, dabei mehrmals wenden. Ablöschen mit dem Wein, mit Salz abschmecken. Den Wirsing zerteilen, die Blätter waschen, in Stücke schneiden und zu dem Fleisch geben. Mit Salz und Essig würzen.

Den Topf zudecken und den Braten bei kleiner Hitze etwa 1/2 Stunde schmoren lassen. Wenn möglich, nicht sofort umrühren, aber achtgeben, dass Fleisch und Wirsing nicht anbrennen. Etwas Fleischbrühe oder Wasser zugießen. Erst dann umrühren und noch einmal 1/2 Stunde schmoren.

Salomo, der letzte, glanzvolle König von ganz Israel

Salomo, einer der Söhne Davids und dessen Nachfolger, war der letzte König des vereinten Reiches Israel; nach ihm zerfiel es in das reiche Nordreich mit Samaria als Hauptstadt und das Südreich (Juda) um Jerusalem. Damit wurde eine latente Spaltung besiegelt: Die Nordstämme ertrugen nicht mehr die zunehmende Abgabenlast.

In religiöser Hinsicht fällt auf, dass es im Norden, der nicht über ein dem Tempel vergleichbares Heiligtum verfügte, mit der Zeit wieder zur Verehrung verschiedener Gottheiten kam. Während der assyrischen Eroberungen flohen viele Israeliten nach Süden oder wurden in den Osten deportiert; Menschen aus fremden Stämmen wurden in dem Gebiet angesiedelt. So wird verständlich, dass die Gegend in nachexilischer Zeit und auch noch zur Zeit Jesu als »heidnisches« Gebiet (d. h. als Gebiet »der Völker«) angesehen wurde.

Trotz aller Grenzen erscheint das salomonische Reich großartig. In diese Phase der Geschichte Israels fällt der Bau des ersten Jerusalemer Tempels; es war eine Zeit des Friedens mit den Gegnern; eine Besucherin wie die Königin von Saba zeigte sich beeindruckt von Salomos sprichwörtlich gewordener Weisheit (einige biblische Weisheitsschriften sind später ihm zugeschrieben worden!). Das geistig-kulturelle Klima an seinem Hof war offenbar von Entdeckergeist und Kreativität geprägt.

Sehr schön ist die Bitte, die Salomo an den Herrn gerichtet hat: »Verleih deinem Knecht ein hörendes Herz, damit er dein Volk zu regieren und das Gute vom Bösen zu unterscheiden versteht« (1 Könige 3,9).

Gewürze in der Bibel

Eine Reihe von Gewürzen werden in der Bibel erwähnt, auffällig ist aber auch, dass einige heute gängige fehlen. Genannt werden Lorbeer, Dill, Galbanum oder Asant, Zimt, Koriander, Kümmel, Ysop (verwandt mit Thymian und Majoran), Weinraute und Senf. Die Experten sind einhellig der Meinung, dass oft auch Anis, Kardamom, Kurkuma, wilder Fenchel, Bockshornklee, Lavendel, Melisse, Minze, Oregano, Petersilie, Salbei, Bohnenkraut, Sesam, Thymian, und Safran verwendet wurden. Orientalische Gewürze wie Ingwer und Pfeffer aber fehlen in der biblischen Küche; der Pfeffer gelangte erst nach dem ersten Jahrhundert n. Chr. von Indien in den Mittelmeerraum.

Eine Kostbarkeit ...

Sowohl Salz als auch viele Gewürze waren einmal von einem heute schwer vorstellbaren Wert; denn sie dienten nicht nur zum Würzen der Speisen, sondern halfen auch, sie haltbarer zu machen. Heute können wir uns ein Leben ohne Kühl- und Gefrierschrank kaum mehr vorstellen – obwohl diese Errungenschaften erst einige Jahrzehnte alt sind. Dass wir seither in der Lage sind, zu jeder Jahreszeit (fast) alles kochen zu können, hat freilich sein Für und Wider. »Saisonales Kochen« gewinnt in letzter Zeit immer mehr Freunde.

Hirschtopf mit Äpfeln

Zutaten

- 800 g Hirschkeule
- 2 Zwiebeln
- 2 Äpfel
- 200 ml trockener Weißwein
- 200 ml Fleischbrühe
- 1 Esslöffel Senf
- Frischer Dill
- 50 ml Olivenöl
- Salz

In einem großen Bratentopf die gehackten Zwiebeln in Öl anschwitzen. Das Fleisch in kleine Stücke schneiden, zu den Zwiebeln geben und ein paar Minuten anbraten.
Mit Wein ablöschen und salzen.
Die Äpfel schälen, in nicht zu dünne Scheiben schneiden und zusammen mit dem Senf und dem Dill zum Braten geben.
Zugedeckt etwa 90 Minuten schmoren, dabei von Zeit zu Zeit durchrühren und etwas Fleischbrühe hinzugießen.

Gewürztes Perlhuhn

Zutaten

- 1 ausgenommenes Perlhuhn
- 1 Bleichsellerie
- 1 Stange Porree
- 2 Lorbeerblätter
- 1 Strauß Petersilie
- 200 g weiße Weintrauben
- 200 ml trockener Rotwein
- 200 ml Hühnerbrühe
- 100 ml Olivenöl
- 1 Teelöffel Kümmel
- 1 Teelöffel Koriander

Zubereitung: Sellerie und Porree putzen, in Stücke schneiden und zusammen mit den Lorbeerblättern in Öl dünsten.
Das Perlhuhn von den Knochen lösen, das Fleisch (ohne Haut) in kleine Stücke schneiden und zu dem Gemüse geben und anbraten. Mit Wein ablöschen und mit Kümmel und Koriander würzen. Die Hühnerbrühe hinzugießen und das Fleisch 20 Minuten köcheln lassen. In der Zwischenzeit die Weintrauben halbieren, die Kerne entfernen, die Petersilie hacken und dann alles zum Perlhuhn geben. Für weitere 10 Minuten schmoren und dann servieren.

Mit der Bibel Mahl halten

Herzlich willkommen!

Nicht jeder wird bei den folgenden Zitaten auf Anhieb an die Bibel denken! Haben wir die Freude an der Schöpfung und ihren guten Gaben womöglich zu sehr in den Hintergrund gedrängt? Selbst da, wo zum Maßhalten geraten wird (wie im untersten Zitat), geht es nicht darum, den Menschen das Leben zu vergällen, sondern ihnen zu helfen, die Freude zu bewahren!

Die Weisheit hat ihr Haus gebaut,
ihre sieben Säulen behauen.
Sie hat ihr Vieh geschlachtet, ihren Wein gemischt
und schon ihren Tisch gedeckt.
(Sprichwörter 9,1f)

Da pries ich die Freude;
denn es gibt für den Menschen kein Glück unter der Sonne,
es sei denn, er isst und trinkt und freut sich.
Das soll ihn begleiten bei seiner Arbeit während der Lebenstage,
die Gott ihm unter der Sonne geschenkt hat.
(Kohelet 8,15)

Freunde, esst und trinkt, berauscht euch an der Liebe!
(Hoheslied 5,1b)

Iss Honig, mein Sohn, denn er ist gut,
Wabenhonig ist süß für den Gaumen.
Wisse: Genauso ist die Weisheit für dich.
Findest du sie, dann gibt es eine Zukunft,
deine Hoffnung wird nicht zerschlagen.
(Sprichwörter 24,13f)

Höre, mein Sohn, und sei weise,
lenk dein Herz auf geraden Weg!
Gesell dich nicht zu den Weinsäufern,
zu solchen, die im Fleischgenuss schlemmen;
denn Säufer und Schlemmer werden arm,
Schläfrigkeit kleidet in Lumpen.
(Sprichwörter 23,19–21)

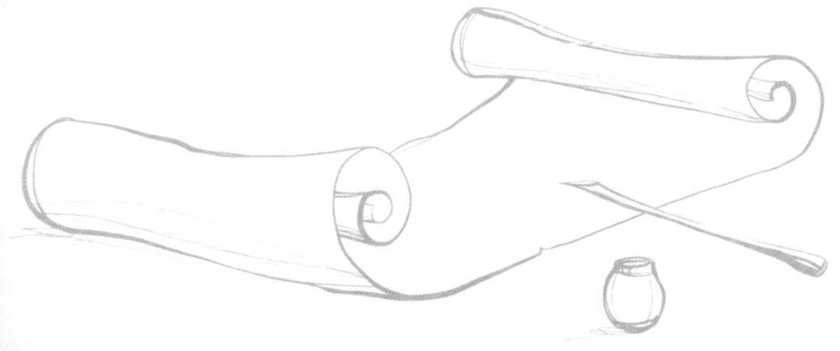

Keine Frage: Kochen liegt nicht jedem! Manche haben es nicht gelernt, andere mögen es einfach nicht. Doch ein festliches gemeinsames Essen im Familien- oder Freundeskreis ... – wer schätzte das nicht?!

Mit »biblischen Zutaten« kochen, andere einbeziehen, vielleicht einmal zusammen ein neues Gericht ausprobieren, das kann richtig Freude machen. Und wer nicht kochen kann oder mag, der kann die Tafel oder den Raum schön herrichten, eine entsprechende Musik besorgen ..., kurz: mit beitragen, dass sich alle wohlfühlen.

Wer zu einem »biblischen Essen« einlädt, sei es per Brief oder per Mail, findet auf der Seite gegenüber ein paar Zitate aus den weisheitlichen biblischen Schriften, von denen vielleicht eines passt ... Dies hängt natürlich auch von den Gästen ab: Handelt es sich um jüngere oder ältere Personen? Sind Kinder dabei? Haben die Gäste Sinn für Humor? Was möchten wir ihnen sagen? Viele biblische Stellen könnten infrage kommen; unter Umständen kann eine »Konkordanz«, ein Stichwortverzeichnis mit entsprechenden Verweisen, bei der Suche helfen.

Wenn es dann gelingt, miteinander zu kochen, ins Gespräch zu kommen, wenn man mit Freude gemeinsam Mahl hält, dann ist das ganz gewiss sehr im Sinne der Bibel!

Zu Tisch bei den Propheten

Mahner in Gottes Auftrag

Noch im 10. Jahrhundert v. Chr. wurde das Land in zwei Reiche geteilt, in das Südreich (Juda) mit der Hauptstadt Jerusalem und das Nordreich Israel, dessen Hauptstadt Samaria wurde. Anders als zu Zeiten Sauls, Davids oder Salomos waren die Könige nicht mehr die unbestrittenen Leitfiguren. Immer mehr traten Propheten in den Vordergrund, die Israel an die Treue zum Gottesbund erinnerten. Israel sollte einem einzigen Herrn dienen: seinem Gott, und Gerechtigkeit üben – wie Jesus es später in dem Doppelgebot der Gottes- und Nächstenliebe griffig zusammengefasst hat. Doch was eigentlich zusammengehörte, fiel immer wieder auseinander: Dem Herrn wurden – zumal von den herrschenden Schichten – Opfer dargebracht, doch die Armen und Schwachen wurden unterdrückt. Propheten wie Amos und Hosea wandten sich mit scharfen Worten dagegen: Barmherzigkeit und Liebe will Gott, nicht Schlachtopfer (vgl. Hosea 6,6)!

Aber nicht nur mit Worten haben die Propheten gesprochen: Ihr eigenes Leben wurde zur Botschaft. Elijas Schicksal z. B. zeigt, wie großherzig der Herr für die sorgt, die ihm und seiner Weisung vertrauen; die wunderbaren Ereignisse, die mit dem Wirken seines Schülers Elischa verbunden sind, machen deutlich: Gott steht zu seinen Gesandten und segnet ihr Tun:

Ein vergiftetes Mahl wird genießbar, und ein wenig Brot macht viele satt! Denn Gott ist ein menschenfreundlicher Gott, der nicht den Tod, sondern das Leben will und möchte, dass es seinen Kindern gut geht (zu Elija und Elischa vgl. besonders 1 Könige 17–19 und 2 Könige 1–10).

Die Propheten sind hellhörig für Gott und tun seinen Willen kund; sie sind Mahner und Kritiker in Gottes Auftrag, Menschen mit wachem Blick für die Wirklichkeit, die sich auf die Beobachtung der politisch-gesellschaftlichen Realität wie auch der Natur verstehen: Oft bedienen sie sich anschaulicher Bilder und Vergleiche.

Und wenn die Propheten das göttliche Gericht ankündigen, den »Tag des Herrn«, so verbindet sich damit doch immer auch die Hoffnung, dass Gott selber einen neuen Anfang schafft. Diese Hoffnung half, auch schlimme Wendungen, ja traumatische Erlebnisse zu bestehen. Man denke nur an die sogenannte Babylonische Gefangenschaft (6. Jh. v. Chr.), die Deportation großer Teile der Bevölkerung nach Babylon. Aufgrund eines Edikts des Perserkönigs Kyros (538) konnten sie schließlich zurückkehren und einen neuen Tempel errichten. Aus der Zeit der Gefangenschaft haben sie freilich auch neue identitätsstiftende Elemente mitgebracht, die das Leben fortan prägen, so den Sabbat und das (Synagogen-)Gebet.

Nach der Länge der biblischen Prophetenbücher unterscheidet man die Großen Propheten Jesaja, Jeremia und Ezechiel (auch Hesekiel genannt) von den Zwölf kleinen Propheten.

Das Brot, das wir teilen

Wunderbares geschieht, wo Menschen teilen.
Entscheidend ist weniger die Menge als die Art, *wie* wir geben –
und die Absicht, in der wir es tun.
Was man teilt, wird nicht weniger:
Das ist die Erfahrung der großzügigen Witwe und des Elija.
Nur das ängstlich Gehütete, das eifersüchtig Verteidigte
geht früher oder später zur Neige.
So ist es mit dem Leben selbst: Wer sich daran klammert,
wer nicht loslassen kann, der wird es verlieren.
Wer es aber einsetzt, wer sich verschenkt, der wird es finden!

Das Brot
der Witwe aus Sarepta

Zutaten

Für den Teig:

- 150 g Gerstenmehl
- 150 g Weizenmehl
- 20 g Bierhefe
- 100 ml Olivenöl
- Salz
- lauwarmes Wasser

Für die Füllung:

- 100 g Oliven
  oder
- 1 große Zwiebel
  oder
- 12 Salbeiblätter

Zubereitung: Die Bierhefe in einer Tasse lauwarmem Wasser auflösen. Beide Mehlsorten in eine Schüssel sieben, in die Mitte des Mehls eine Vertiefung drücken. Da hinein zwei Esslöffel Öl, die Hefe, etwas Salz und so viel lauwarmes Wasser geben, dass ein sehr weicher Teig entsteht.
Wer das Grundrezept verfeinern möchte, sollte jetzt je nach Geschmack Oliven, Zwiebeln oder Salbei klein schneiden und in den Teig rühren.
In beiden Fällen jetzt die Schüssel mit einem Küchentuch abdecken und an einem warmen Ort so lange ruhen lassen, bis der Teig auf die doppelte Größe aufgegangen ist. Dann den Teig noch einmal durchkneten, recht dünn ausrollen (auf anderthalb Zentimeter Höhe) und auf ein gefettetes Backblech drücken. Reichlich mit Öl bestreichen und noch einmal zugedeckt ruhen lassen, bis die Fladen wieder aufgegangen sind. Dann im Backofen bei 180° etwa 25 Minuten backen.

»Es erging das Wort des Herrn an Elija: Mach dich auf und geh nach Sarepta … Ich habe dort einer Witwe befohlen, dich zu versorgen. Er machte sich auf und ging nach Sarepta. Als er an das Stadttor kam, traf er dort eine Witwe, die Holz auflas. Er bat sie: Bring mir in einem Gefäß ein wenig Wasser zum Trinken! Als sie wegging, um es zu holen, rief er ihr nach: Bring mir auch einen Bissen Brot mit!

Doch sie sagte: So wahr der Herr, dein Gott, lebt: Ich habe nichts mehr vorrätig als eine Hand voll Mehl im Topf und ein wenig Öl im Krug. Ich lese hier ein paar Stücke Holz auf und gehe dann heim, um für mich und meinen Sohn etwas zuzubereiten. Das wollen wir noch essen und dann sterben. Elija entgegnete ihr: Fürchte dich nicht! Geh heim und tu, was du gesagt hast. Nur mache zuerst für mich ein kleines Gebäck und bring es zu mir heraus! Danach kannst du für dich und deinen Sohn etwas zubereiten; denn so spricht der Herr, der Gott Israels: Der Mehltopf wird nicht leer werden und der Ölkrug nicht versiegen bis zu dem Tag, an dem der Herr wieder Regen auf den Erdboden sendet. Sie ging und tat, was Elija gesagt hatte. So hatte sie mit ihm und ihrem Sohn viele Tage zu essen. Der Mehltopf wurde nicht leer und der Ölkrug versiegte nicht, wie der Herr durch Elija versprochen hatte« (1 Könige 17,8–16).

Wozu ein Prophet da ist …

»Bin ich denn ein Prophet?!«, das heißt so viel wie: Woher soll ich denn wissen, wie die Zukunft aussieht?! Dabei waren die biblischen Propheten weder Hellseher noch Zukunftsforscher: Ihre Aufgabe bestand darin, in einer ganz bestimmten Situation eine Art Sprachrohr Gottes zu sein und deutlich zu machen, was anstand und in Gottes Sinne war.

Elija wirkte im Nordreich Israel, insbesondere zur Zeit des Königs Ahab (9. Jh. v. Chr.), den er heftig kritisierte, weil er sich von seiner heidnischen Frau Isebel zum Götzenkult verführen ließ. Der Herr rettete Elija aus Verfolgung, Depression und Hunger; am Ende seiner Tage wurde dieser große Prophet auf einem feurigen Wagen in einem Wirbelsturm in den Himmel entrückt, so die symbolträchtige Ausmalung in 2 Könige 2,1–18.

Gefülltes Fladenbrot

Zutaten

Für den Teig:

- 200 g Weizenmehl
- 100 g Buchweizenmehl
- 50 ml Olivenöl
- Salz
- lauwarmes Wasser

Für die Füllung:

- 150 g Hackfleisch
- 50 g Kürbisstücke
- 1 Teelöffel Kümmel
- 1 Knoblauchzehe
- 50 ml Olivenöl
- Salz
- Öl zum Frittieren

Bevor Elija nach Sarepta ging, hatte er einige Tage am Bach Kerit verbracht:

»Es erging das Wort des Herrn an Elija: Geh weg von hier, wende dich nach Osten und verbirg dich am Bach Kerit östlich des Jordan! Aus dem Bach sollst du trinken und den Raben habe ich befohlen, dass sie dich dort ernähren.

Elija ging weg und tat, was der Herr befohlen hatte; er begab sich zum Bach Kerit östlich des Jordan und ließ sich dort nieder. Die Raben brachten ihm Brot und Fleisch am Morgen und ebenso Brot und Fleisch am Abend und er trank aus dem Bach« (1 Könige 17,2–8).

Zubereitung: Die Kürbisstücke in einem Topf mit Wasser aufkochen und etwa 15 Minuten köcheln lassen. In der Zwischenzeit die beiden Mehlsorten (oder, falls es kein Buchweizenmehl gibt, insgesamt 300 g Weizenmehl) mit Salz und Wasser gut verrühren. Den Teig in acht Stücke teilen und diese, zugedeckt mit einem feuchten Tuch, eine Stunde ruhen lassen.

Für die Füllung dann das Hackfleisch anbraten, das Kürbisgemüse unterrühren, ebenso den feingehackten Knoblauch, den Kümmel und etwas Salz. Die Teigstücke jetzt zu acht dünnen Fladen ausrollen und auf jeden Fladen einen Esslöffel der Fleisch-Kürbis-Füllung geben. Die Fladen zuklappen, die Kanten leicht befeuchten und mit einer Gabel fest andrücken.
In heißem Öl frittieren, auf Küchenpapier abtropfen lassen und noch heiß servieren.

Elischa oder: Wie der Herr für das leibliche Wohl sorgt …

»Elischa kehrte nach Gilgal zurück. Im Land herrschte damals eine Hungersnot. Als die Prophetenjünger vor ihm saßen, befahl er seinem Diener: Setz den großen Topf auf und koch ein Gericht für die Prophetenjünger!

Einer von ihnen ging auf das Feld hinaus, um Malven zu holen. Dabei fand er ein wildes Rankengewächs und pflückte davon so viele Früchte, wie sein Gewand fassen konnte. Dann kam er zurück und schnitt sie in den Kochtopf hinein, da man sie nicht kannte. Als man sie aber den Männern zum Essen vorsetzte und sie von der Speise kosteten, schrien sie laut und riefen: Der Tod ist im Topf, Mann Gottes. Sie konnten nichts essen. Doch er befahl: Bringt mir etwas Mehl! Er streute das Mehl in den Topf und sagte: Setzt es nun den Leuten zum Essen vor! Jetzt war nichts Schädliches mehr im Topf.

Einmal kam ein Mann von Baal-Schalischa und brachte dem Gottesmann Brot von Erstlingsfrüchten, zwanzig Gerstenbrote, und frische Körner in einem Beutel. Elischa befahl seinem Diener: Gib es den Leuten zu essen! Doch dieser sagte: Wie soll ich das hundert Männern vorsetzen? Elischa aber sagte: Gib es den Leuten zu essen! Denn so spricht der Herr: Man wird essen und noch übrig lassen. Nun setzte er es ihnen vor; und sie aßen und ließen noch übrig, wie der Herr gesagt hatte« (2 Könige 4,38–44).

Ungenießbar

Ungenießbar, ja »zum Schreien«
wie der giftige Topf des Elischa
ist die Unkenntnis, die sich überall einmischt
und sich als Wissen gebärdet.
Nicht so das Nichtwissen der Einfachen und Bescheidenen:
Denen, die um ihre Grenzen wissen
und sich vertrauensvoll öffnen,
tut sich immer ein Weg auf.

Menschen, die tun, als wüssten sie über alles Bescheid,
die mit erschreckender Oberflächlichkeit
ihre Urteile und Entscheidungen fällen,
diese Menschen machen Angst.
Wo jeder mitredet, ohne sich auszukennen,
kommt nichts Gutes heraus.

Kürbiscremesuppe

Zutaten

- 800 g gelbes Kürbisfleisch
- 300 ml Fleischbrühe
- 40 g Butter
- 2 gestrichene Esslöffel Mehl
- 1/2 Teelöffel Kümmel
- Salz

Elischa

Elischa, ein Schüler des Propheten Elija, trat nach dessen Entrückung in den Himmel seine Nachfolge an: Er bekam Elijas Mantel, und ihm wurde etwas vom Prophetengeist zuteil. Elischa mischte sich in guter prophetischer Manier in die Politik Israels ein; außerdem werden ihm eine Reihe von Wundern, unter anderem Heilungswunder zugeschrieben. Einige dieser Wunder sind eine Art Vorwegnahme der Wunder Jesu, so die Vermehrung von Öl und Brot, die Auferweckung des toten Sohns einer Schunemiterin oder die Heilung des an Aussatz erkrankten Aramäers Naaman.

Das »wunderbare« Wirken der Propheten und dann des Messias kommt einer tiefen menschlichen Sehnsucht entgegen: dem Wunsch nach mehr Gerechtigkeit und Großzügigkeit, nach Hilfe für die Schwachen, nach Leben und Heilung, nach Stärkung für den weiteren Weg und Kraft in allen Widrigkeiten.

Von Elischa erzählt das zweite Buch der Könige vom 2. bis 8. Kapitel.

Das verwehrte und das nötige Brot

In einigen Prophetenbüchern ist davon die Rede, dass manchmal Gott selbst seinem Volk das Brot verwehrt habe. So heißt es in Amos 4,6: »Ich ließ euch hungern in all euren Städten, ich gab euch kein Brot mehr in all euren Dörfern, und dennoch seid ihr nicht umgekehrt zu mir – Spruch des Herrn« (vgl. auch Jeremia 5,17; Ezechiel 4,16). Es ist Ausdruck des »Zornes« Gottes, der sein Volk zur Umkehr bewegen will: Es soll sich ihm und den Bedürftigen zuwenden! Auch in dem, was wir als »Zorn Gottes« erleben, geht es Gott um unser und aller Wohl.

Jesus lehrt uns im »Vaterunser« um das *tägliche Brot für heute* zu bitten: um alles, was wir tagtäglich ganz konkret zum Leben brauchen. Darin zeigt sich Jesu großer Realismus, sein Sinn für das, was wir nötig haben, um leben und gut handeln zu können.

Zubereitung: Das Kürbisfleisch in kleine Stücke schneiden und zusammen mit Salz und Kümmel in der Fleischbrühe so lange garen, bis es weich geworden ist. Mit dem Pürierstab cremig rühren. Die weiche Butter mit Mehl verrühren, unter die Suppe geben und noch einmal zum Sieden bringen.
Zum Servieren kleine Brotcroutons oder geröstete Mandeln einstreuen.

Die Propheten des einen Gottes

Wie viele Propheten in Israel wirkten, wissen wir nicht; nicht von allen kennen wir die Namen. Um Elischa zum Beispiel bildete sich eine Art Prophetenschule von Schülern oder Jüngern. Im krassen Unterschied zu heidnischen »Propheten«, die sich zum Sprachrohr von Gottheiten des kanaanäischen, assyrischen oder babylonischen Götterhimmels machten, oder auch zu professionellen »Hofpropheten« waren die Propheten Israels Propheten des einen Gottes: von Jahwe, der sich dem Mose am Sinai offenbart hat (vgl. Exodus 3,14). Immer wieder erinnerten sie Israel an den Bund, den Gott mit den Vätern geschlossen hat.

Jesaja ist wohl der bekannteste biblische Prophet. Zwischen 740 und 700 v. Chr. geißelte er in scharfen Drohworten die Missstände der Zeit und versuchte unerschrocken, die Könige in Jerusalem davon abzuhalten, sich mit den Großmächten jener Zeit anzulegen. Mit allem Nachdruck lud er ein, auf Gott und nicht auf irdische Macht zu setzen. Als Zeichen der Hoffnung kündigte er die Geburt eines Kindes an, das Immanuel (Gott-mit-uns) genannt werde, und verhieß ein messianisches Reich (Jesaja 7 und 11).

In die Kapitel 1–39 des Jesajabuchs sind in einer langen Entstehungsgeschichte Worte dieses Propheten eingeflossen. Die weiteren Kapitel gehen hingegen auf zwei spätere, nicht namentlich bekannte Propheten zurück (40–55 und 56–66). Der eine spricht in der Zeit des babylonischen Exils (6. Jh. v. Chr.), der andere wendet sich an die Heimgekehrten.

Unheils- und Heilspropheten ... Immer wieder kündigen die Propheten dem Volk ein schlimmes Schicksal an, falls es nicht umkehrt. Tatsächlich kam es wiederholt zur Katastrophe. Im Jahr 722/21 v. Chr. fiel das Nordreich an die Assyrer, 587/586 eroberten die Babylonier das Südreich. In der Gefangenschaft wandelt sich der Ton: An die Stelle der vorwiegenden Unheilsprophetie tritt immer mehr eine Heilsprophetie, die Verheißung einer guten Zukunft zumindest für einen »heiligen Rest«, die Hoffnung auf das machtvolle Eingreifen Gottes, der den Seinen zu Hilfe kommt, der sie »loskauft« und in die Freiheit führt.

Eierkuchen mit Lauchzwiebeln

Zubereitung: Die Lauchzwiebeln klein schneiden und in einer beschichteten Pfanne in Butter andünsten. Die Eier in eine Schüssel aufschlagen, mit Petersilie, Kümmel und etwas Salz gut verquirlen und über die Lauchzwiebeln in die Pfanne geben. Den Eierkuchen wenden, wenn die Masse angefangen hat zu stocken.

Zutaten

- 6 Eier
- 2 Lauchzwiebeln (Frühlingszwiebeln)
- 2 Esslöffel gehackte Petersilie
- 1 Prise Kümmel
- 1 Stück Butter
- Salz

Die Suppe des Ezechiel

Zutaten

- 600 g Rindfleisch zum Kochen
- 400 g Kalbfleisch
- 2 Scheiben aus der Kalbshaxe
- 2 Stangen Porree
- 2 Bleichsellerie
- 1/2 Wirsing
- 1 Zwiebel
- 4 Knoblauchzehen
- 2 weiße Rüben
- 2 l Wasser
- 1 Teelöffel Thymian
- Salz
- 8 Scheiben hausgemachtes Brot

Zubereitung: Das Fleisch in kleine Würfel schneiden und mit den Haxenscheiben in Wasser zum Kochen bringen. Dabei ab und zu den Schaum von der Brühe abschöpfen. In der Zwischenzeit das Gemüse waschen, klein schneiden und mit Knoblauch, Zwiebel und Thymian in die Suppe geben. Bei mäßiger Hitze drei Stunden köcheln lassen. Die Kalbsknochen entfernen und die Suppe mit Brot servieren.

Das unreine Brot des Ezechiel

Ezechiel, neben Jesaja und Jeremia (siehe unten) der dritte der großen Propheten, stammte aus einer priesterlichen Familie. 597 v. Chr. wurde er nach Babylonien deportiert, wo er seinen Landsleuten Mut zusprach: In den langen Jahren des Exils verkündete er die Rückkehr nach Jerusalem und die Wiederherstellung Israels um den neu erbauten Tempel.

Typisch für ihn sind seine symbolischen Handlungen, die auf den ersten Blick schwer verständlich erscheinen. Er wollte damit seine Zeitgenossen zum Nachdenken bringen. So wird den Verschleppten in den Kapiteln 4 und 5 die bevorstehende harte Zeit der Gefangenschaft symbolisch vor Augen geführt: Ein Ziegel, auf dem Jerusalem eingeritzt wird, soll die belagerte Stadt darstellen (4,1–3); dann soll sich Ezechiel mehrere hundert Tage unbeweglich hinlegen, wobei jeder Tag für ein Jahr steht, in dem das Volk dem Herrn untreu war (4,4–8); derweil isst er nach göttlichem Rezept zubereitetes unreines, eigentlich ungenießbares Brot: ein Symbol für die Not der Israeliten im Exil (4,9–17) …

Die Botschaft des Ezechiel ist eine Botschaft von Gericht und Erbarmen, ein Bekenntnis zum Gott Israels, der sein innerlich erneuertes Volk wie ein guter Hirt führen will und Herr über alle Völker ist.

Jeremia hat am eigenen Leib die Wirren in der Endphase des Südreichs Juda miterlebt. Vergeblich versuchte er König Jojakim gegen das Eindringen heidnischer Bräuche zu mobilisieren, vergeblich waren seine Bemühungen, König Zidkija von seinem Kurs Babylon gegenüber abzubringen. Als der neue Statthalter Gedelja, eine Marionette Babylons, von Jischmael, einem Abkömmling Davids, ermordet wird, kommt es zu Mord und Totschlag; Schonung gewährt Jischmael zehn Männern, die »versteckte Vorräte auf dem Feld haben: Weizen, Gerste, Öl und Honig« (Jeremia 41,8): In so schweren Zeiten weiß man die Nahrung besonders zu schätzen! – Jeremia, der Prophet, der einen »neuen Bund« in Aussicht gestellt hatte, starb schließlich im ägyptischen Exil.

Ein heiliges Fasten in Zeiten der Not

»Hört her, ihr Ältesten,
horcht alle auf, ihr Bewohner des Landes!
Ist so etwas jemals geschehen
in euren Tagen oder in den Tagen eurer Väter? …
Denn ein Volk zog heran gegen mein Land,
gewaltig groß und nicht zu zählen;
seine Zähne sind Zähne von Löwen,
sein Gebiss ist das Gebiss einer Löwin …
Die Bauern sind ganz geschlagen,
es jammern die Winzer;
denn Weizen und Gerste, die Ernte des Feldes ist verloren.
Der Weinstock ist dürr, der Feigenbaum welk.
Granatbaum, Dattelpalme und Apfelbaum,
alle Bäume auf dem Feld sind verdorrt;
ja, verdorrt ist die Freude der Menschen …
Ordnet ein heiliges Fasten an,
ruft einen Gottesdienst aus!
Versammelt die Ältesten und alle Bewohner des Landes
beim Haus des Herrn, eures Gottes,
und schreit zum Herrn: Weh, was für ein Tag!
Denn der Tag des Herrn ist nahe;
er kommt mit der Allgewalt des Allmächtigen …
Zu dir rufe ich, Herr;
denn Feuer hat das Gras der Steppe gefressen,
die Flammen haben alle Bäume der Felder verbrannt.«
(Joël 1,2.6.11f.14f.19)

Was zählt ...

Das Fasten im Sinne der Bibel
ist nicht als Hilfe zum Abnehmen gedacht.
Vielmehr will es dem Fastenden etwas sagen:
Denk an das, was wirklich wichtig ist!
Höre auf das Herz und nicht nur auf den Bauch!
Worauf kommt es dir an?
Was zählt für dich?
Was ist wahr, was trägt?
Spürst du es noch?
Hörst du es noch?

Manchmal brauchen wir Fasten-Zeiten ...

Joël

Über den Propheten Joël wissen wir kaum etwas. Einige meinen, dass er wie Hosea im 8. Jh. v. Chr. im Nordreich Israel wirkte, andere datieren das Buch, das seinen Namen trägt, ins 5./4. Jh. v. Chr.

Die ersten beiden Kapitel handeln von einer schrecklichen Heuschreckenplage: Ist dies wörtlich zu verstehen? Oder symbolisch, etwa als bevorstehender Einfall eines gewaltigen fremden Heeres? Als Weg, dem wie auch immer gearteten Unheil zu entgehen, rät der Prophet zu Fasten und Buße.

Der zweite Teil des Buches kündigt den »Tag des Herrn« an, das heißt das Gericht, aber auch neuen Segen und die Geistausgießung über alle Glieder des Volkes Gottes.

Zeiten der Not, Zeiten des Fastens

Das Judentum ist keine asketische Religion, sondern eine Religion der Lebensfreude. Vor diesem Hintergrund bekommen die besonderen Fasttage bzw. -zeiten während des Jahres oder in der Geschichte des Volkes ein ganz besonderes Gewicht. Mose fastete vierzig Tage und Nächte, bevor er von Gott die Gesetzestafeln empfing; Joël prophezeite ein Zeit der Dürre und des Fastens unmittelbar vor dem Gericht.

Bis heute fasten Juden am Versöhnungstag (Jom Kippur, der Tag der Entsühnung). An diesem Tag steht bis zum Sonnenuntergang alles still. Ein Fast- und Trauertag ist auch »Tisha B'Av« zum Gedenken an die Zerstörung des Jerusalemer Tempels.

Zutaten

- 1 Apfel
- 1 kleine Weintraube
- 1 Granatapfel
- 8 Feigen
- 8 Datteln
- 1/2 Melone
- 1 Scheibe Wassermelone
- 8 Walnusskerne
- 8 geschälte Mandeln
- 12 Pistazien
- 1 Zitrone
- 4 Esslöffel Honig

Obstsalat
in Zeiten des Friedens

Zubereitung: Den Apfel schälen, die Kerne aus den Melonen und den Trauben entfernen, alles in kleine Stücke schneiden, die Feigen und Datteln vierteln; die Granatapfelkerne aus der Schale lösen und alles zusammen mit gehackten Nüssen, Mandeln und Pistazien in eine Schüssel geben und gut vermischen.

Mit Honig und Zitronensaft abschmecken. Etwa eine Stunde ziehen lassen, dabei von Zeit zu Zeit durchrühren.

In Joëls Ausführungen über die bevorstehende Zeit der Dürre und Not werden allerlei typische Früchte und Pflanzen Israels aufgezählt; in anderen biblischen Stellen werden noch weitere genannt. Während in Notzeiten Fasten angesagt ist, darf man in Friedenszeiten die guten Gaben, all die »köstlichen Früchte«, die der Schöpfer den Menschen zu essen gegeben hat (vgl. Genesis 2,9), genießen – uns zur Freude und ihm zum Lob.

Religion und Essen und ein kurioses Missverständnis

Religion und Essen waren immer schon eng verbunden. Davon zeugen auch die biblischen Erzählungen vom »Anfang«:

»Gott, der Herr, ließ aus dem Ackerboden allerlei Bäume wachsen,
verlockend anzusehen und mit köstlichen Früchten …
Dann gebot Gott, der Herr, dem Menschen:
Von allen Bäumen des Gartens darfst du essen,
doch vom Baum der Erkenntnis von Gut und Böse
darfst du nicht essen;
denn sobald du davon isst, wirst du sterben« (Genesis 2,9.16f).

In solchen Erzählungen hat man versucht, sich über die eigenen Ursprünge und seine Bestimmung klarzuwerden. Wo kommen wir Menschen her? Wozu sind wir da? Wir haben uns ja nicht selbst gemacht! Heute würden wir es vielleicht so formulieren: Warum ist eigentlich etwas und nicht vielmehr nichts? Was oder besser: Wer hat es so eingerichtet, dass das Universum entstehen und sich so entwickeln konnte?

Die biblischen Erzählungen wollen sagen: Hinter allem steht Gott, der Herr. Ihm verdanken wir unser Dasein und alles, was uns zum Leben dient, auch die Nahrung.

Was die Erzählung vom Sündenfall angeht, hat sich ein kurioses Missverständnis weit verbreitet: In vielen Bildern sieht man Eva mit einem Apfel. Fälschlicherweise hat man gemeint, der »Baum der Erkenntnis von Gut und Böse« sei ein Apfelbaum gewesen. Das hing wohl mit mangelhaften Lateinkenntnissen zusammen: »malus« (böse) klingt ganz ähnlich wie »mālum« (Apfel)! Die »Ursünde« liegt nicht im Essen verbotener Früchte, sondern im Misstrauen und Ungehorsam Gott gegenüber!

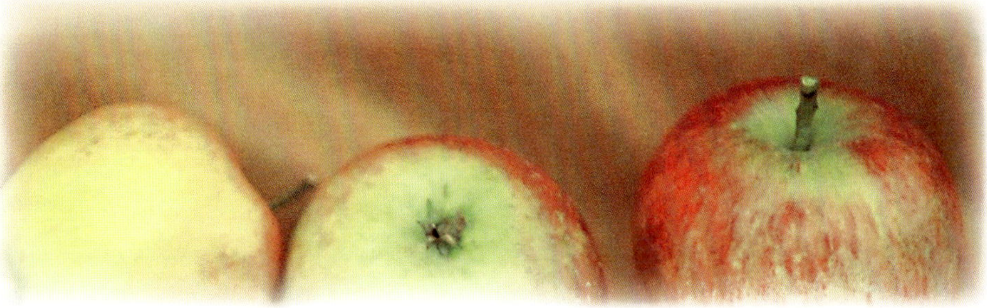

Salat mit Gerste und Früchten

Zutaten

- 150 g Gerste
- 2 säuerliche Äpfel
- 1 kleine Salatgurke
- 1 kleine Dolde Weintrauben
- 150 g Pecorino (Schafskäse)
- 12 Walnusskerne
- frischer Schnittlauch
- 4 Esslöffel Olivenöl
- 1 Zitrone
- Salz

Zubereitung: Die Gerste »al dente« kochen, in ein Sieb geben und mit kaltem Wasser abschrecken. Die Äpfel schälen, die Gurke waschen und alles in kleine Stücke schneiden, die Trauben halbieren und die Kerne entfernen. Den Käse würfeln. Den Schnittlauch klein hacken – ein paar Halme dabei aussparen für die Dekoration des fertigen Salats, ebenso einige Walnusskerne. Die übrigen Nüsse kleinhacken. Jetzt alle Zutaten in eine Schüssel geben und mit der Gerste gut verrühren, mit Öl, dem Saft der Zitrone und Salz abschmecken. Eine Viertelstunde in den Kühlschrank stellen. Dann, mit Schnittlauchhalmen und Nusskernen dekoriert, servieren.

Gemüsesalat mit Joghurt

Zutaten

- 12 kleine Radieschen
- 2 kleinere Salatgurken
- 250 g Sahnejoghurt
- Schnittlauch
- 2 Esslöffel Olivenöl
- Salz

Zubereitung: Radieschen, Gurken und Schnittlauch waschen und klein schneiden. Mit Öl und Salz würzen. Das Gemüse unter den Joghurt heben, vor dem Servieren eine Stunde kaltstellen.

Zu Tisch bei Tobias

Göttliches im Menschlichen

Wie facettenreich ist die Bibel: Da finden sich Bücher über die Geschichte des Volkes Israel, mahnende Worte der Propheten, Gebete und Lieder wie die Psalmen, aber auch Schriften, in denen die Botschaft Gottes in Gestalt von Liebesgeschichten oder Dichterversen vermittelt wird.

Denken wir etwa an die Geschichte von Tobias (im Buch Tobit), die wohl nicht historisch ist, sondern eine Beispielerzählung (vgl. S. 99). Tobias verkörpert diejenigen, die Gott treu sein möchten, auch in einem schwierigen Umfeld, umgeben von Menschen aus vielerlei Völkern und Kulturen, unterschiedlichen Glaubens, mit Gewohnheiten, die sich von der biblischen Weisung und den Bräuchen Israels unterscheiden. Die Geschichte des Tobias nimmt das Leben vieler jüdischer Familien vorweg, die es in alle Welt, in die Diaspora verschlagen hat. Die Geschichte von Tobias, sein Umgang mit seinen Schwierigkeiten hat etwas Bleibendes zu sagen: Erwartungen mögen enttäuscht werden, Gutes und Böses mögen ineinander verwoben sein, doch der fromme Jude ist gerufen, sich an das Gesetz und die Gebräuche zu halten und *trotz allem* auf den Segen Gottes zu vertrauen.

Als diese Geschichte verfasst wurde, konnte natürlich niemand ahnen, welch grausames Schicksal die Juden erleiden würden: vertrieben von den Römern, vertrieben aus dem katholischen Spanien, Opfer grausamsten Rassenwahns in der Shoa, immer wieder zu einem Leben im Ghetto gezwungen … Trotz allem, auch in aller Verzweiflung den Glauben bewahren, das kann eine große Herausforderung werden – und seinerseits ein Zeichen, dass Gott da bleibt – selbst in Erfahrungen der Gottverlassenheit.

Ganz anders ist die Tonlage im sogenannten Hohelied. Da ist von Gott kaum die Rede, jedenfalls nicht ausdrücklich. Es ist ein Lied auf die Liebe und ihre Überraschungen, ein Lobgesang auf die Sinne, auf das Spiel der Blicke, auf die Zärtlichkeit, auf die Schönheit der Schöpfung, die Früchte der Erde, auf die wohlschmeckenden Speisen und ihren Genuss, auf eine Fülle, die ein Vorgeschmack ist auf die »Fülle der Zeiten«. Dies alles spricht von dem, der es geschaffen hat, und zeigt, wie gut er es mit seinen Geschöpfen meint.

Beide biblischen Bücher, das Buch Tobit mit der Tobiaserzählung wie das Hohelied, zeugen von der charakteristischen jüdischen Sensibilität für das alltägliche menschliche Leben, für die Familie. Religion und Spiritualität beschränken sich nicht auf heilige Orte (zumal seit der Zerstörung des Tempels), sondern haben ihren Sitz im Leben der Menschen, in ihrem Planen und Arbeiten, im Lieben und im Erziehen der Kinder, im alltäglichen Miteinander-Leben wie im Feiern des Sabbats und der Feste im Jahreslauf.

Mut zur Liebe

Es verlangt Mut, einem Menschen zu sagen:
»Ich will dich lieben für immer!«
Doch wahre Liebe will nie enden!
Sie geht über Grenzen und Ängste hinweg,
überwindet Vorurteile und alle Mühsal.
Sie eint, was verschieden ist, und stiftet neue Bande.
Wahre Liebe erfreut Herz und Seele!

Eintopf mit Hammelfleisch

Zutaten

- 800 g Hammelfleisch
- 500 g kleine Zwiebeln (Perlzwiebeln)
- 150 g grüne Oliven (ohne Kern)
- 2 Knoblauchzehen
- 200 ml fruchtiger Rotwein
- 4 Esslöffel Olivenöl
- 2 Esslöffel Mehl
- 2 Lorbeerblätter
- 1 Teelöffel Thymian
- Salz

Aus dem Buch Tobit: »Raguel ließ seine Frau einen Ofen voll Brot backen, dann ging er zur Herde, suchte zwei Ochsen und vier Schafe aus, übergab sie der Küche, und man begann mit den Vorbereitungen. Er ließ Tobias kommen und erklärte ihm: Vierzehn Tage darfst du nicht von hier fort. Bleibe, wo du bist, bei mir … Meiner Tochter sollst du nach all ihrem Leid wieder Freude schenken … Mut, mein Junge!«

(Tobit 8,19–21, zitiert in Anlehnung an die »Herder-Bibel«)

Zubereitung: Das Fleisch in Würfel schneiden. das Fett entfernen und die Fleischstücke in Mehl wälzen. In einem Bratentopf das Öl erhitzen, Lorbeerblätter und Knoblauch hineingeben und darin das Fleisch anbraten.
Mit Salz und Thymian abschmecken und mit Rotwein angießen. Etwa 20 Minuten köcheln lassen, dabei von Zeit zu Zeit gut durchrühren. Die kleinen Zwiebeln mit den Oliven zum Braten geben. 45 Minuten bei kleiner Hitze garen. Eventuell etwas heißes Wasser zugießen, falls der Bratensaft zu stark eingekocht ist.

Von Tobit und seinem Sohn Tobias erzählt das Buch Tobit, das wohl um 200 v. Chr. in griechischer Sprache verfasst wurde. Die »Lehrerzählung« spielt in Assyrien in der Exilszeit: Von mancherlei Missgeschicken und Unglücken heimgesucht, halten Vater und Sohn als beispielhafte fromme Juden trotz allem Gott die Treue und erleben, wie Gott ihnen rettend zur Seite steht: Gott schickt einen Engel namens Rafael, der Tobias nach Medien begleitet, wo dieser seine Frau Sara, die Tochter des reichen Raguel, findet und heiratet. Und auf wundersame Weise erhält der Vater, der im Exil erblindet war, sein Augenlicht zurück.

Ein großer Fisch

… spielt in der Erzählung eine wichtige Rolle. Tobias, der Sohn, war vom Vater nach Medien geschickt worden, wo er dereinst Geld hinterlegt hatte. Begleitet vom Engel Rafael (den er nicht als solchen erkennt), bricht Tobias auf; unterwegs beim Baden im Tigris schießt plötzlich ein Fisch aus dem Wasser und will Tobias verschlingen. Der Engel ruft: Pack ihn! Und er trägt ihm auf, dem Fisch Herz, Leber und Galle zu entnehmen und diese gut aufzubewahren. Erstere dienten später als Heilmittel gegen den Dämon, der Sara befallen hatte, die Tobias' geliebte Frau wurde; dank der Galle wurde der Vater Tobit wieder sehend.

Das jüdische Hochzeitsfest

Die jüdische Hochzeitsfeier hat nicht nur für die Brautleute und ihre Familien, sondern auch für die ganze Gemeinschaft eine große Bedeutung. Sie ist der Bund zweier Menschen unter der Beteiligung Gottes und versinnbildlicht den Bund zwischen Gott und seinem Volk.

Die zwei wichtigsten Momente der Eheschließung sind der *Kiddushin* (Eheformel und Segenssprüche mit Austausch der Ringe oder dem Geschenk einer Goldmünze vor zwei Zeugen) und der *Nessu'in* (Segnung und Trinken des Weins aus speziellen Kelchen zum Beginn des gemeinsamen Lebens der Eheleute).

Zutaten

- 400 g Mehl
- 200 g Honig
- 100 ml lauwarmes Wasser
- 1 Tütchen Backpulver
- 1 Tütchen Vanillinzucker
- die abgeriebene Schale einer Zitrone
- 1 Prise Salz
- 50 g Walnusskerne
- 1 Teelöffel Zimt
- Öl zum Frittieren

Wie ein Bräutigam seine Braut, so liebt der Herr Jerusalem; zu den liebevollen Aufmerksamkeiten gehört auch eine köstliche Hochzeitsspeise: »Ich leistete dir den Eid und ging mit dir einen Bund ein – Spruch Gottes, des Herrn – und du wurdest mein ... Mit Gold und Silber konntest du dich schmücken, in Byssus, Seide und bunte Gewebe dich kleiden. Feinmehl, Honig und Öl war deine Nahrung ...« Und dann wird es wiederholt: »... mit Feinmehl, Öl und Honig nährte ich dich« (vgl. Ezechiel 16,8–14): Für die Braut ist das Beste gerade gut genug! Feinmehl, Honig und Öl, das sind die wichtigsten Zutaten der ...

Hochzeitsgebäck

Zubereitung: Mehl, Wasser und etwas Salz zusammenrühren, die Hälfte des Honigs zugeben, ebenso die abgeriebene Zitronenschale, den Zimt und, zum Schluss, das Backpulver und den Vanillinzucker. Den Teig gut durchkneten. Das Öl zum Frittieren erhitzen und den Teig löffelweise in das heiße Fett geben. Gut ausbacken, auf Küchenkrepp abtropfen lassen. Zum Schluss den Rest Honig über das Gebäck träufeln und mit den gehackten Nüssen dekorieren. Noch heiß servieren.

Ein Lied der Liebe

»Ach, wärst du doch mein Bruder,
genährt an der Brust meiner Mutter.
Träfe ich dich dann draußen,
ich würde dich küssen;
niemand dürfte mich deshalb verachten.
Führen wollte ich dich,
in das Haus meiner Mutter dich bringen,
die mich erzogen hat.
Würzwein gäbe ich dir zu trinken,
Granatapfelmost.«

(Hohelied 8,1f)

Als wärest du krank ...

Ganz krank fühlst du dich,
wenn dich die Liebe mit ihrer Leidenschaft erfasst.
Doch wie schrecklich ist es zu »genesen«!
Sie führt dich zu kühnen Entscheidungen,
sie sprengt die Gesetze der Logik.
Wer eingeführt wird in die Kunst der wahren Liebe,
beginnt zu leben –
intensiv, leidenschaftlich, von Freude überwältigt.

Der Granatapfel – Symbol der Fruchtbarkeit

Voller süßer Kerne, ist der Granatapfel seit Urzeiten ein Symbol der Fruchtbarkeit und Fülle. Bei seiner Wüstenwanderung erinnerte sich das Volk Israel wehmütig an die Speisen und Früchte in Ägypten, u. a. an die Granatäpfel. Doch dann fand es sie zu seiner Freude auch im Land der Verheißung vor.

Im Hohelied vergleicht der Bräutigam seine Braut und ihre Schönheit bildreich mit dem Granatapfelbaum und seinen Früchten: »Ein verschlossener Garten ist meine Schwester Braut, ein verschlossener Garten, ein versiegelter Quell. Ein Lustgarten sprosst aus dir, Granatbäume mit köstlichen Früchten, Hennadolden, Nardenblüten« (4,12f). »Schön wie Tirza bist du, meine Freundin, lieblich wie Jerusalem, prächtig wie Himmelsbilder … Dem Riss eines Granatapfels gleicht deine Schläfe hinter deinem Schleier« (6,4.7).

Das Hohelied, das heißt »das Lied der Lieder«, das schönste aller Lieder, besingt die Liebe von Mann und Frau. Die Tradition hat es König Salomo zugeschrieben, der als großer Liebhaber galt. Es ist eine Sammlung von Gedichten zweier Liebender. Ägyptische Einflüsse werden vermutet. Symbolische Deutungen bzw. Übertragungen der eigentlich besungenen Liebe zweier Menschen hat es viele gegeben, so wurde es interpretiert als Bild für die Liebe Gottes zu seinem Volk oder die Liebe Christi zur Kirche oder zur menschlichen Seele. Die wunderbare menschliche Liebe kann zum Zeichen für die göttliche Liebe werden – und für die Liebe eines Menschen, der sich von Gott geliebt weiß, zu diesem Gott, der »die Liebe« ist (vgl. 1 Johannes 4,8.16).

»Stark wie der Tod ist die Liebe …« – so lautet einer der schönsten Verse des Hoheliedes. Wie man längere Zeit leben kann, ohne zu essen, nicht aber, ohne zu trinken, so kann man lange leben ohne Macht und Reichtum, nicht aber ohne Liebe!

»Stark wie der Tod ist die Liebe, die Leidenschaft ist hart wie die Unterwelt. Ihre Gluten sind Feuergluten, gewaltige Flammen. Auch mächtige Wasser können die Liebe nicht löschen; auch Ströme schwemmen sie nicht weg. Böte einer für die Liebe den ganzen Reichtum seines Hauses, nur verachten würde man ihn« (Hohelied 8,6f).

Trauben-kuchen

Zutaten

- 300 g Weizenmehl
- 20 g Bierhefe
- 200 g getrocknete Weintrauben (Rosinen oder Sultaninen)
- 150 g Honig
- 200 ml Milch
- 50 ml Olivenöl
- Salz

Krank vor Liebe fühlt sich die Braut im Hohelied. »Stärkt mich mit Traubenkuchen«, bittet sie inständig (vgl. Hohelied 2,5).

Zubereitung: Die getrockneten Weintrauben für zehn Minuten in die Milch legen. Die Hefe in etwas lauwarmem Wasser auflösen. In einer großen Schüssel das Mehl mit dem Honig verarbeiten.
Mithilfe eines feinen Siebs Milch und Rosinen trennen. Zuerst nur die Milch in den Teig geben und gut verrühren. Dann die aufgelöste Hefe und die Rosinen hinzufügen und alles zu einem glatten Teig kneten. Mit einem Tuch abgedeckt rund eine Stunde ruhen lassen. Dann den Teig dünn auf ein gefettetes Backblech streichen und noch einmal, zugedeckt, ruhen lassen, bis sich die Masse verdoppelt hat. Mit Öl einpinseln und im Backofen bei 180 ° etwa 35 Minuten backen.

Zu Tisch bei Jesus

Der Messias, »der Gesalbte des Herrn«, wurde von vielen in Israel sehnsüchtig erwartet. Manch einer stellte ihn sich als siegreichen König vor, als einen »wahren Sohn Davids«; andere erwarteten eher eine hohepriesterliche Gestalt. Wer hätte einen wie Jesus erwartet, der als ein Kind wie viele in einem Dorf in Galiläa aufwächst und dem Vater bei der Zimmermannsarbeit und der Mutter bei der Hausarbeit zuschaut? Wer hätte einen Messias erwartet, der von höchsten Dingen, vom Gottesreich spricht und dabei Vergleiche anstellt mit so »banalen« Dingen wie Salz und Sauerteig?!

Die vier Evangelien, die am Anfang des Neuen Testaments stehen, entstanden aus der Erinnerung an Begegnungen der Jünger und der Menschenmenge mit diesem Jesus. Er besaß eine außerordentliche Fähigkeit, auch mit ganz einfachen Leuten in Kontakt zu kommen. Er hatte ein offenes Ohr für ihre Nöte und spürte, was sie brauchten. Er zog umher, so wird berichtet, und tat Gutes. Dieser Mann aus Nazareth fasziniert bis heute, über alle, auch über weltanschauliche und religiöse Grenzen hinweg.

Dieser Jesus war freilich mehr als ein begabter Redner oder eine Art großer Bruder, den man unwillkürlich nachahmen möchte. Er war auch mehr als ein Prophet oder einer der vielen Priester jener Zeit. Doch wer war er? Diese Frage durchzieht die biblischen Erzählungen. Das Markusevangelium bringt sie auf den Punkt: »Wer ist dieser?« Wer ist dieser, der mit einer solchen Autorität spricht (vgl. Markus 1,22), der Dämonen befiehlt (1,27), der einen Gelähmten heilt (2,12), sich über den Sabbat stellt (2,28), der von »den unreinen Geistern« als »Sohn Gottes« bezeichnet wird (3,11), einem Sturm Einhalt gebietet (4,41), beim Brotwunder Tausende satt macht (6,36–44), übers Wasser geht (6,45–52), den Taubstummen heilt (7,31–37) und dem Blinden das Augenlicht schenkt (8,22–26)? Wer ist dieser?

Das Einzigartige an Jesus zeigt sich vor allem am Ende seines Lebens: in der Leidensgeschichte und seinem Kreuzestod – und in der Auferweckung durch Gott, seinen Vater. Dieser Mensch ist der Christus, der Messias, ja er ist »Gottes Sohn«, wie der römische Hauptmann ausruft, als er ihn »auf diese Weise sterben sah« (Markus 15,39; vgl. 1,1). Und dieser Jesus ist einer von uns, ganz Mensch, einer, der uns von innen her und bis in die tiefsten Tiefen versteht. Er ist da für die Seinen, für alle. Er, der Meister und Herr, bereitet für seine Jünger ein Mahl, lädt selbst zu Tisch, wie es in den Ostererzählungen heißt (vgl. Johannes 21). Er ist der Gott-mit-uns, der den Hunger der Menschen stillen möchte und stillen kann, wie die symbolgeladene Geschichte vom »Brotwunder« zeigt. Jede Feier des Abendmahls, der Eucharistie ist das Festmahl seiner Gegenwart und der Gemeinschaft derer, deren »Bruder« er geworden ist.

Heilige Familie

Familienalltag. Gewöhnliche, teils sich wiederholende Szenen.
Von der Mutter und vom Vater lernen die Kinder,
entdecken die Welt und ihre Geheimnisse.
Der Küchentisch ist ein Ort,
an dem sich den Kleinen vieles erschließt,
einfache wie große Wörter, die über die Welt hinausweisen.
Im Antlitz derer, denen wir unser Leben verdanken,
tut sich uns etwas auf vom Mysterium, vom Antlitz Gottes.

Fleisch im Salzbett

Zutaten

- 800 g Oberschale vom Rind
- 1500 g grobes Salz
- 6 Lorbeerblätter
- 100 ml Rotwein
- 100 ml Wasser
- Salz

»Ihr seid das Salz der Erde. Wenn das Salz seinen Geschmack verliert, womit kann man es wieder salzig machen? Es taugt zu nichts mehr; es wird weggeworfen und von den Leuten zertreten« (Matthäus 5,13).

Im Palästina zur Zeit Jesu wurde das Salz aus dem Toten Meer gewonnen, das bekanntlich einen ungewöhnlich hohen Salzgehalt hat. Salz ist nicht nur lebenswichtig, es dient auch zum Würzen. Zudem ist das Einsalzen eine der ältesten Methoden der Konservierung von Lebensmitteln.
Das Rezept lässt sich vielfältig abwandeln, man kann fast jede Art von Fleisch und Fisch auf ähnliche Weise zubereiten. Wichtig ist, dass man hinreichend große Stücke verwendet, damit das Gericht nicht versalzen schmeckt.

Salz in der Natur, in der Küche ... und in der Kirche

(Koch-)Salz (Natriumchlorid) kommt in der Natur in großen Mengen vor; für Mensch und Tier ist es der wichtigste Mineralstoff. Wir brauchen Salz, aber nicht zu viel (empfohlen werden täglich insgesamt maximal 6 g). Aus der Küche ist das Salz noch aus einem anderen Grund nicht wegzudenken: Salz gibt vielen Speisen Geschmack!

Auch in der Kirche hat man bis vor gar nicht langer Zeit Salz verwendet: bei der Taufe! Den Täuflingen wurde ein klein wenig geweihtes Salz zum Probieren gereicht, worauf sie, wie man sich vorstellen kann, in aller Regel das Gesicht verzogen. Wie hätten sie verstehen sollen, dass es »das Salz der Weisheit« symbolisieren sollte?

Die berühmte »Salzstraße« (Via Salaria) erinnert an die immense Bedeutung, die das Salz gehabt hat. Im Römischen Reich war sie die wichtigste Handelsstraße und hatte auch militärische Bedeutung.

Die römischen Soldaten bekamen übrigens für ihre Reisen eine Ration Salz, das »salarium«. Davon abgeleitet ist der bis heute in der deutschen Sprache übliche Begriff »Salär« für Lohn und Gehalt.

Zubereitung: Den Boden einer hohen, aber schmalen Form (eventuell aus Steingut) fingerdick mit Salz bedecken. Vom Fleisch das Fett entfernen, die Lorbeerblätter zerkleinern, mit Speisesalz vermischen und damit das Fleisch gut einreiben. Das Fleisch dann auf das Salzbett im Topf legen, mit dem restlichen Salz an allen Seiten gut bedecken, fest andrücken, sodass das Fleisch ringsum fest vom Salz umschlossen ist. Jetzt ein passendes Holzbrettchen darauflegen, mit einem Gewicht beschweren und den Topf vier Tage lang kühl und dunkel stellen.

Dann das Fleisch aus dem Salzbett nehmen, abwaschen und in eine Tunke aus Rotwein und Wasser legen. Nach zwei Stunden herausnehmen und gut abtrocknen. Fein aufgeschnitten und mit etwas Öl und Zitronensaft gewürzt, eignet sich das Fleisch in Verbindung mit vielen Salaten sehr gut als Vorspeise. Statt in Rotwein kann das Fleisch auch in Olivenöl mit Knoblauch eingelegt werden. Und anstelle von Rindfleisch kann auch Lammfleisch in Salz eingelegt werden; daraus lässt sich ein besonders schmackhaftes Ragout herstellen.

Das Bild vom Sauerteig ... gehört zu den eingängigsten Bildern, mit denen Jesus »das Geheimnis des Gottesreichs« erläutert hat (er liebte das Sprechen in anschaulichen Bildern und Gleichnissen!): »Mit dem Himmelreich ist es wie mit dem Sauerteig, den eine Frau unter einen großen Trog Mehl mischte, bis das Ganze durchsäuert war« (Matthäus 13,33). So sollen seine Jüngerinnen und Jünger sein: Unscheinbar eingetaucht in die Menge, Menschen unter Menschen, sind sie berufen, mit der Kraft der Liebe alles zu durchwirken …

Sauerteig

Zutaten

- 400 g Roggenmehl
- 400 g lauwarmes Wasser (oder lauwarme Milch)

... kann man auch selbst ansetzen: In einer sauberen Schüssel (nicht aus Metall!) 100 g Roggenmehl und 100 ml lauwarmes Wasser (oder Milch) mit einem Holzlöffel verrühren; Schüssel verschließen und an einem warmen Platz ein bis zwei Tage ruhen lassen. Dann nochmals die gleichen Mengen Mehl und lauwarmes Wasser (oder Milch) hinzugeben, wieder verrühren und verschlossen 12 Stunden an einen warmen Platz stellen. Danach 200 g Mehl und 200 ml lauwarmes Wasser (oder Milch) hinzugeben, wie gehabt weitere 12 Stunden ruhen lassen – und der Sauerteig kann verwendet werden!

Zum Brotbacken nimmt man dann 1 Teil Sauerteig und 2 Teile Mehl. Ein Teil des Sauerteigs kann im Kühlschrank verschlossen aufbewahrt werden und wieder neu angesetzt und mit Roggenmehl und lauwarmem Wasser »vermehrt« werden!

Mit Jesus beim Mahl

Ums Feuer versammelt,
das die Gesichter erhellt und die Herzen erwärmt.
Eine frische Brise weht vom See herüber.
Er ist dabei.
Es braucht keine Worte.
Blicke genügen – und es ist genug da für jeden.
Erinnerungen werden lebendig,
leuchtend wie die Glut des Feuers:
Ja, er ist da, auch heute,
echte Freundschaft hält, trägt – für immer.

Gegrillte Fische aus Fluss und See

»Jesus offenbarte sich den Jüngern noch einmal. Es war am See von Tiberias … Simon Petrus, Thomas, genannt Didymus (Zwilling), Natanaël aus Kana in Galiläa, die Söhne des Zebedäus und zwei andere von seinen Jüngern waren zusammen. Simon Petrus sagte zu ihnen: Ich gehe fischen. Sie sagten zu ihm: Wir kommen auch mit. Sie gingen hinaus und stiegen in das Boot. Aber in dieser Nacht fingen sie nichts. Als es schon Morgen wurde, stand Jesus am Ufer. Doch die Jünger wussten nicht, dass es Jesus war. Jesus sagte zu ihnen: Meine Kinder, habt ihr nicht etwas zu essen? Sie antworteten ihm: Nein. Er aber sagte zu ihnen: Werft das Netz auf der rechten Seite des Bootes aus und ihr werdet etwas fangen. Sie warfen das Netz aus und konnten es nicht wieder einholen, so voller Fische war es … Als sie an Land gingen, sahen sie am Boden ein Kohlenfeuer und darauf Fisch und Brot. Jesus sagte zu ihnen: Bringt von den Fischen, die ihr gerade gefangen habt. Da ging Simon Petrus und zog das Netz an Land. Es war mit hundertdreiundfünfzig großen Fischen gefüllt, und obwohl es so viele waren, zerriss das Netz nicht. Jesus sagte zu ihnen: Kommt her und esst! …

Jesus trat heran, nahm das Brot und gab es ihnen, ebenso den Fisch. Dies war schon das dritte Mal, dass Jesus sich den Jüngern offenbarte, seit er von den Toten auferstanden war« (Johannes 21,1–14).

Zutaten

- 1 kg Fische: Bachforelle, Saibling, Hecht, Barsch
- 1 Teelöffel frischer gehackter Thymian
- 1 Zitrone
- Olivenöl
- Salz
- Thymianzweige oder Petersilie zum Garnieren

Zubereitung: Die Fische putzen und mit Öl, Salz und Thymian einreiben. Die größeren Fische auf dem Rücken ein paar Mal einschneiden und diese dann zuerst auf den heißen Grill legen, da sie länger brauchen, um gar zu werden (etwa 5 bis 7 Minuten für jede Seite).
Die fertig gegrillten Fische mit Zitronenscheiben und Thymianzweigen oder Petersilie garniert servieren.

Eine andere Art, die Fische zu grillen: Die rohen, geputzten Fische zwei Stunden lang in einer Tunke aus Weißwein, Öl, Koriander und Dill marinieren und dann auf dem Grill braten.

Auferstanden? »Jesus ist auferstanden!« Das ist die Erfahrung seiner Jüngerinnen und Jünger, die es zunächst selbst kaum glauben können. Dass der auferstandene Jesus »kein Gespenst« ist, wird augenscheinlich in den Erzählungen am Ende der Evangelien. So wird erzählt, wie er den zweifelnden Jüngern seine Hände und Füße zeigt und vor ihren Augen ein Stück gebratenen Fisch isst (Lukas 24,36–43). Und dem »ungläubigen Thomas« zeigt er seine durchbohrten Hände und seine Seitenwunde: Es ist derselbe, der am Kreuz aus Liebe zu uns Menschen sein Leben hingegeben hat. Dieser Jesus »gibt sich zu sehen«: Nicht »Erscheinungen« sind es, sondern *Begegnungen* Jesu mit den Frauen am Grab und den Jüngern, die er als seine Zeugen in alle Welt sendet.

Ein »Fresser und Säufer«? Jesus wurde offenbar vorgeworfen, zu sehr aufs Essen und Trinken bedacht gewesen zu sein, und das auch noch in schlechter Gesellschaft! Jedenfalls hatte er Zöllnern, Sündern und Sünderinnen gegenüber keine Berührungsängste. Er kümmerte sich nicht darum, was die anderen dachten. Jesus sagt: »Johannes der Täufer ist gekommen, er isst kein Brot und trinkt keinen Wein und ihr sagt: Er ist von einem Dämon besessen. Der Menschensohn ist gekommen, er isst und trinkt; darauf sagt ihr: Dieser Fresser und Säufer, dieser Freund der Zöllner und Sünder!« (Lukas 7,33f). Nicht aufs Essen oder Nicht-Essen kommt es letztlich an, sondern auf die innere Freiheit, das zu tun, was im Sinne Gottes ist, was einem selbst und den Menschen entspricht und dient.

Forelle mit Zimt

Zutaten

- 2 Regenbogenforellen
- 4 Esslöffel Olivenöl
- 1 Knoblauchzehe
- 1/2 Teelöffel Zimt
- Salz

Zubereitung: Die Forellen putzen, die Haut entfernen und die Fische filetieren. In einer Pfanne den Knoblauch in Öl dünsten.
Die Forellenfilets dazugeben und rasch auf allen Seiten anbraten. Mit Salz und Zimt würzen und noch eine Minute braten.
Vor dem Servieren den Knoblauch entfernen.

Ein altes Symbol für Jesus ... ist der Fisch. In der Frühzeit des Christentums, als das Bekenntnis zu Jesus gesellschaftliche Ausgrenzung oder gar den Tod bedeuten konnte, war ein stilisierter Fisch ein geheimes Erkennungszeichen: ICHTHYS (= Fisch) sind die Anfangsbuchstaben des griechischen Bekenntnisses zu »Jesus (**I**esous), Messias (**CH**ristos), Gottes Sohn (**TH**eou **HY**os) und Erlöser (**S**oter)«.

Von Fischen ist in den Evangelien öfter die Rede. Einige der Jünger Jesu waren von Beruf Fischer am See Gennesaret. Nachdem sie die ganze Nacht nichts gefangen hatten, lud Jesus sie ein, die Netze noch einmal auszuwerfen – diesmal mit Erfolg! Daraufhin ließen sie alles zurück und folgten Jesus nach (vgl. Lukas 5,1–11). »Fünf Brote und zwei Fische« hat ein Junge gebracht, als eine große Menschenmenge um Jesus hungrig war. Jesus genügt auch das scheinbar Wenige: Am Ende wurden alle satt (vgl. Johannes 6,1–15).

Bei einem Mahl begegnet uns Jesus in den Evangelien oft. Wie gesagt, hat er ganz bewusst mit Zöllnern und Sündern gegessen. Ein Mahl steht am Anfang seines Wirkens: Bei der »Hochzeit in Kana« half er den Brautleuten aus einer peinlichen Lage und wandelte Wasser in Wein (vgl. Johannes 2,1–12); ein ganz besonderes Mahl steht am Ende: das »letzte Abendmahl« mit den Seinen (vgl. Matthäus 26,20–29). In Jesus bereitet der Gott, der Herr, »für alle Völker ein Festmahl« (Jesaja 25,6).

Flussbarsch mit Zwiebeln

Zubereitung: Die Zwiebeln schälen, in Scheiben schneiden und in einer gefetteten Auflaufform verteilen. Die Fischfilets auf das Zwiebelbett legen, salzen, den klein geschnittenen Porree und das Öl zugeben und mit Wein und eventuell einer halben Tasse Wasser auffüllen. Mit Alufolie abdecken und im Ofen bei 170° etwa 20 Minuten garen.

Zutaten

- 800 g Flussbarschfilet
- 200 ml trockener Weißwein
- 2 Zwiebeln
- 1 Stange Porree
- 50 ml Olivenöl
- 1/2 Teelöffel Thymian
- 1/2 Teelöffel frischer Dill
- Salz

Zutaten

- 200 g Gerstenmehl
- 20 ml Olivenöl
- Wasser
- Salz

Gerstenbrot

Zubereitung: Aus Mehl, Öl und ein paar Esslöffel lauwarmem Wasser einen Teig kneten. Den Teig auf einem mit Mehl bestreuten Brett ausrollen und größere Scheiben (etwa 20 cm) ausstechen. Diese auf ein gefettetes Backblech legen und bei 200° im Ofen backen, bis die Ränder der Brote braun werden.

»Als Jesus aufblickte und sah, dass so viele Menschen zu ihm kamen, fragte er Philippus: Wo sollen wir Brot kaufen, damit diese Leute zu essen haben? Das sagte er aber nur, um ihn auf die Probe zu stellen; denn er selbst wusste, was er tun wollte. Philippus antwortete ihm: Brot für zweihundert Denare reicht nicht aus, wenn jeder von ihnen auch nur ein kleines Stück bekommen soll. Einer seiner Jünger, Andreas, der Bruder des Simon Petrus, sagte zu ihm: Hier ist ein kleiner Junge, der hat fünf Gerstenbrote und zwei Fische; doch was ist das für so viele!

Jesus sagte: Lasst die Leute sich setzen! Es gab dort nämlich viel Gras. Da setzten sie sich; es waren etwa fünftausend Männer. Dann nahm Jesus die Brote, sprach das Dankgebet und teilte an die Leute aus, so viel sie wollten; ebenso machte er es mit den Fischen. Als die Menge satt war, sagte er zu seinen Jüngern: Sammelt die übrig gebliebenen Brotstücke, damit nichts verdirbt. Sie sammelten und füllten zwölf Körbe mit den Stücken, die von den fünf Gerstenbroten nach dem Essen übrig waren« (Johannes 6,5–13).

Das Brotwunder

Die sogenannte »wunderbare Brotvermehrung« wird in den Evangelien mehrfach überliefert. Im Johannesevangelium (s. linke Seite) wird besonders deutlich, dass es mehr ist als eine Art Wiederholung der wunderbaren Vermehrung von Öl und Brot durch den Propheten Elischa (s. S. 85). Zwischen den Zeilen schimmert etwas anderes durch; der große Bibelkenner Gianfranco Ravasi schreibt: »Jesus nimmt die Brote und *segnet* sie. Im Griechischen ist das Wort noch bezeichnender: *eucharistesas,* er sagt Dank. Die christliche Gemeinde wusste damals sehr wohl, was ‚Eucharistie' meint. Jesus *teilt die Brote aus*, und das ausgeteilte Brot bewirkt, dass am Ende alle gesättigt sind; mehr noch: Es gibt immer noch Brotstücke im Überfluss … In der Episode von der Brotvermehrung reicht Jesus in gewisser Weise das eucharistische Brot, das allen Hunger stillt.« Jesus will den Hunger der Menschen stillen, nicht nur den physischen, sondern auch den inneren. *Darauf* kommt es ihm an; ihm geht es nicht darum, Aufsehen zu erregen: Als sie ihn zum König machen wollen, zieht er sich zurück in die Stille, »auf den Berg«, er ganz allein. Jesus weiß und hat es vorgelebt, dass die Liebe zu den Menschen und die Gottesliebe verbunden sind: Wir brauchen die konkrete Solidarität und inneren Halt und Orientierung.

»Das wahre Brot« wird Jesus genannt, auch »Brot des Lebens« oder »Brot vom Himmel« (vgl. Johannes 6,22–59): Er kann den tiefen Hunger, die Sehnsucht der Menschen stillen. Viele haben in seinem Wort Nahrung für die Seele und Kraft für ihr Leben gefunden. Und ebenso in der Eucharistie, auf die das Brotwunder hinweist. In dieser Gedächtnisfeier des letzten Abendmahls Jesu, beim »Brotbrechen«, wie es in frühester Zeit genannt wurde, schenkt Jesus den Seinen sich selbst in Brot und Wein, damit sie aus seiner Liebe leben können.

Reben und Wein in der Bibel

In vielen Texten der Bibel wird von Reben und Wein gesprochen. Im Buch Genesis, dem ersten Buch der Bibel, heißt es, dass Noah »der erste Ackerbauer wurde und einen Weinberg pflanzte«. Die Folgen übermäßigen Alkoholkonsums hat er auch schon erlebt (vgl. Genesis 9,20–27). Dass man sich nicht am Wein berauschen soll, sagen auch der Prophet Jeremia (25,15f) und das Buch der Sprichwörter; dort heißt es sehr anschaulich:

> »Wer hat Ach? Wer hat Weh? Wer Gezänk? Wer Klage?
> Wer hat Wunden wegen nichts? Wer trübe Augen?
> Jene, die bis in die Nacht beim Wein sitzen,
> die kommen, um den Mischwein zu probieren.
> Schau nicht nach dem Wein … Er trinkt sich so leicht!
> Zuletzt beißt er wie eine Schlange, verspritzt Gift gleich einer Viper.
> Deine Augen sehen seltsame Dinge, dein Herz redet wirres Zeug.
> Du bist wie einer, der auf hoher See schläft …«
>
> (Sprichwörter 23,29–35).

Im richtigen Maß genossen, gilt der Wein aber als köstlich und gut. Wein wird bei Opferritualen (Exodus 29,40; Numeri 28,4) und als Lohn für die Arbeiter (2 Chronik 2,9) gebraucht, er gehört in die Vorratstasche der Reisenden und auf den Tisch, wenn Gäste kommen oder ein Fest gefeiert wird.

Damals wurde er zumeist mit Wasser verdünnt oder aromatisiert getrunken, bisweilen auch zu therapeutischen Zwecken.

Zu den bekanntesten Bibeltexten über den Wein gehören das »Lied vom Weinberg« (Jesaja 5,1–7), in dem Israel mit einem vom Herrn gepflegten Weinberg verglichen wird, der keine Frucht bringt, und die Geschichte von Nabots Weinberg (1 Könige 21). Von Jesus stammt das bekannte Bildwort vom Weinstock und den Reben (Johannes 15,1–17). Wein spielt im Leben Jesu eine besondere Rolle: Bei der Hochzeit in Kana hat er Wasser in besonders guten Wein verwandelt, und beim letzten Mahl mit den Seinen reichte er ihnen mit dem Brot auch Wein. Der Wein wird zum Symbol für den neuen Bund Gottes mit den Menschen: »Dieser Kelch ist *der Neue Bund* in meinem Blut, das für euch vergossen wird«, sagt Jesus (Lukas 22,20).

Würzwein

Zubereitung: Den Wein erhitzen, ohne ihn zu kochen. Alle Zutaten in den Wein geben und bei niedriger Temperatur eine halbe Stunde ziehen lassen. Mit einer Gabel die Datteln dabei zu Brei drücken. Anschließend den Wein gut filtern und heiß servieren.
Nach Wunsch mit etwas heißem Wasser verdünnen.

Zutaten

- 1 Flasche trockener Rotwein
- 2 Esslöffel Honig
- 8 Datteln ohne Stein
- 50 g gehackte Walnüsse
- 1/2 Teelöffel Koriander